損《そん》する気づかい
得《とく》する気づかい

八嶋まなぶ

ダイヤモンド社

はじめに

気づかい……。それは、

日本一、間違えやすく、
世界一、誤解されやすい。

そして、人生の中で**もっとも長く付き合わなければいけないスキル**です。

自分ではよかれと思って行動したのに、裏目に出てしまい、恥をかいたり、かかせたり。それだけに止まらず、相手の期待を大きく裏切り、信頼を失うなんてこともあります。悲しいですが、自分の気づかいが、必ずしも相手に喜ばれるわけではありません。

実際、こんな例があります。

002

・友人の背中についていた糸くずを引っぱって、服を破いてしまった
・接待の場。ビールを早く配ろうと店員さんが持ってきたお盆の上のジョッキを取ったら、店員さんのバランスが崩れ、お客様にビールの滝を浴びせてしまった
・合コンで酔っ払った人を介抱したら、つられて気持ち悪くなって、もらい嘔吐《ゲロ》
・気をきかせてお客様にコーヒーを出したら「コーヒー飲めないんです」と言われた
・前髪を眉毛《まゆげ》まで垂らしている人に「営業マンはおでこを出したほうがいいですよ」とアドバイスしたら、実は相手がカツラで恥をかかせてしまった
・「注文はまかせる」と上司に言われ、ステーキをオーダー。店員さんに「焼き方はどうしますか?」と聞かれたので、「全員レアで」と即答したところ、大目玉を食らった
・通勤ラッシュのエレベーターの中。上司を見つけたのであいさつしようと声をかけたら、ふいに「お母さん」と言葉が出て、居合わせた人たちから失笑を受ける
・友人とドライブ中。素敵な景色を教えたくて、「あれすごいよ!」と何度も言ったら「運転中だからよそ見できないよ!」とキレられた

はい、察しのいい方はおわかりかもしれません。

よかれと思ったことが、なぜか裏目に……

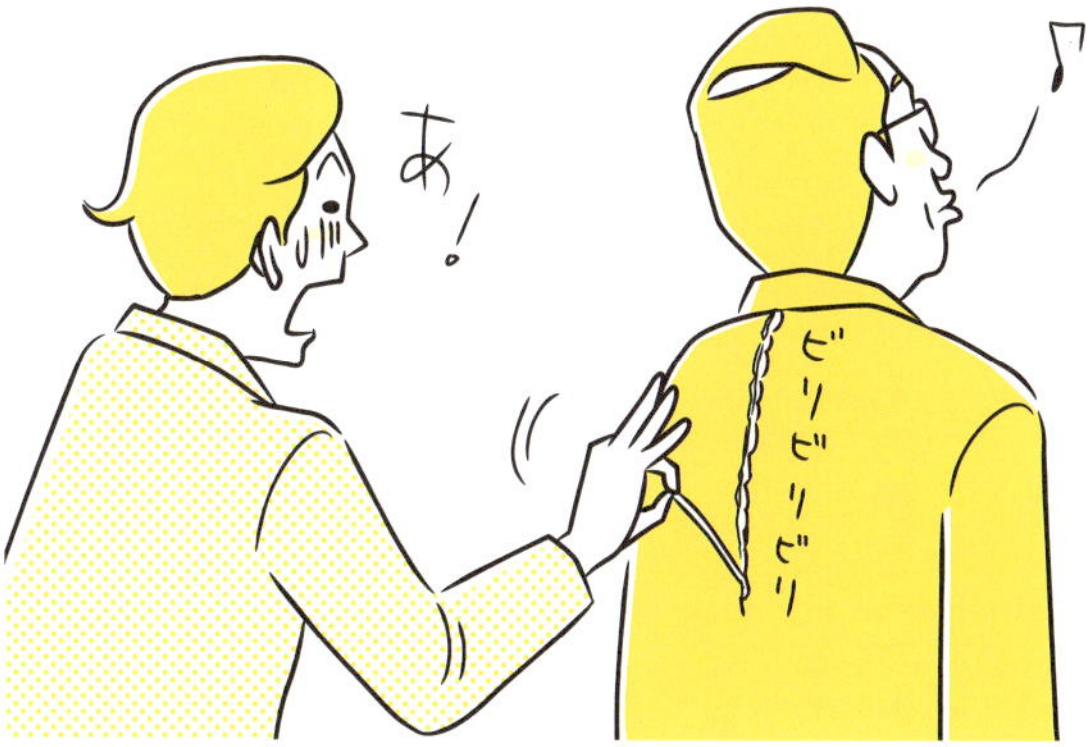

すべて私の実体験です。

自分では一生懸命に相手を気づかおうとしているのに、なぜかいつも裏目の結果が出てしまっていたのです。

せっかく勇気を出して気をつかったのに、結果「気づかい損」。

そんな経験を、何年も何年も繰り返していました。

なぜか？　今なら、断言できます。

それは、**「正しいやり方」をまったく学ばないままに、自己流の気づかいばかりをしていたから**なのです。

では、「正しいやり方」とは、どんなものでしょうか？

それは、**「まわりが望む気づかいの型」**という意味に置き換えられます。気づかいには一定の法則、望まれる型があり、この基準と自分が思う気づかいにズレがあると、どれだけがんばっても、気がきくとは認めてもらえないのです。

気づかいは「相手を慮《おもんばか》ること」と言いますが、この慮るとは、単なるやさしさとはちょっと違います。とても悔しいことに、**ただやさしい、いい人なだけでは、気がきく人にはなれません。やさしさだけでは、損をしてしまうこともあるのです。**

実際、自然に人を気づかうことができ、ソツなくうまいことをやっている人がいますよね。嫌味なくスルスルッと人の懐に入っていき、結果的に気づかいで得をしている人。世間では「要領がいい」と言われるような人たちです。

私は、そんな人がうらやましくてたまりませんでした。いったい、その差はどこにあるのか……？　この本では、**その差をハッキリわかりやすく、解説しました。**

気づかいがまったくできなかった私が、広告会社の仕事を通じ、大きい会社の社長さんや政治家のみなさん、医者や弁護士などの癖の強い専門家、はたまた大物芸能人や世界的アーティストといった、鬼のように気をつかう人たちと接して（そりゃもういろいろと）怒られながら、20年以上気づかいを研究して発見した「気づかいのコツ」の集大成です。

「あうんの呼吸」や「場の空気を読む」といったあいまいな概念で説明されがちな気づかいを、小学生でもマネできるくらいわかりやすく、さまざまなシチュエーションに当てはめていきます。

ちなみに私自身の実感として、「得する気づかい」にどれくらい効果があるかというと、**人付き合いで困ることはなくなったのはもちろん、仕事が非常にスムーズになり、最近では自分で営業しなくてもクライアントさんから指名をいただくようになっています。**……

そう、気づかいを覚えていくことで、結果的にはとってもラクに仕事ができているのです。

結論から言えば、**気づかいに才能は必要ありません。**「損する」地雷を避け、「得する」型だけを実践していけば、だんだんと、そして自然と、「あっ、この場合は、こうしておいたほうがいいかな……？」という感覚が、磨かれていくのです。

ぜんぜん乗れなかった自転車に、急に乗れるようになる。そんな感覚が必ず訪れます。

気づかいは、そんなに難しいことではない。そして、気づかいがうまくいくと、人生こんなに楽しいことはない！　あなたにも、そんな心境になってほしいなぁと思い、本書を書かせていただきました。あなたの人生に幸あれ！　バラ色の日々が訪れることを祈りながら、ぜひ、最後までお楽しみください。

scene 4
口ぐせ

scene 5
話題のつくり方

scene 1

見た目

損する人は、「自分好み」のおしゃれを選ぶ
得する人は、「相手好み」のおしゃれを選ぶ

部長、このスーツカッコよくないすか？
かっこいいけど、一応、会社だからね…

服装の気づかいは、「相手に恥をかかせないかどうか」

服装は、自分のパーソナリティーを発揮するアイテム。いうなれば、自分はこんな人間ですよ、というプレゼンテーションになるのです。

「人の価値は中身で決まる」と言いますが、実生活は見た目で判断される部分がまだまだたくさんあります。たとえば、

・就活面接なのにTシャツ&ジーンズ
・初デートに上下ジャージ
・結婚式の二次会なのに、新婦よりも派手なドレス

という人がいれば、「常識がない」「あの人どうなの?」と、いぶかしげに見られてしまうのは致し方ありません。

人は見た目だけではありませんが、よく見られています

好きな服を着てテンションを高めるのもいいのですが、人間関係をよりスムーズにしていくためには、基本的には「相手」「その場」に求められる服を着て、そこにちょっとだけ自分らしさを加える、くらいがちょうどいい塩梅《あんばい》です。

お客様との打ち合わせ、初デート、保護者会などなど……。気をつかうようなこれらの場面では、**ある程度合わせにいくのが、損しないための気づかい**だと言えます。

具体的には、次の2点に気をつけると、意図しないミスを防げるでしょう。

・シャツやトップスを「白色」にする（表情も明るく見える）

・重ね着はせず、シンプルな清潔さ

逆にこんな服装はNG!
男性の場合

□ スーツにリュック（オフィシャルな場にリュックはNG）
□ 時計だけ豪華（一点豪華主義は「品がない」と感じる人も）
□ ぶかぶか、丈が短い
（服は、「ジャストサイズ」のものを着ましょう）

逆にこんな服装はNG!
女性の場合

□ 胸元を強調する服（まわりからよけいな顰蹙《ひんしゅく》を買うかも）
□ 生地が薄すぎる服（安っぽく見えてしまいます）
□ アクセサリーが派手（つけるならシンプルなものに）

服装の気づかいとしては、「自分が気持ちいいか」ではなく、「一緒にいる人に恥をかかせないか」という視点を大事にしてみてください。

髪型よりも指先、つま先をきれいに整える

続いて、見た目で大切なのは、「先っぽ」です。

服装や髪型（女性だったらメイク）に気をつける人は多いものですが、意外と見落としがちで、ボロが出やすいのが「指先」「つま先」などの先っぽです。

たとえば名刺交換をするとき、相手がいくらビシッとスーツで決めていたとしても、その爪先がやけに伸びていて、不潔な感じがしたらどうでしょうか。「意外とだらしない人なんだな」と、大きなマイナス点になると思います。

つま先も同様で、**「靴を見れば出世する人かがわかる」**というくらい、足元はよく見られています。いくら身なりを整えた美女がいたとしても、ヒールがボロボロだったり、汚れが目立ったりしていると、むしろギャップでがっかりされてしまうものです。

ここは手入れグッズを買ってしまって、しっかり身なりを整えましょう。

爪については、たとえば**デュカートの「ツメミガキセット」**。これを使って爪を磨けば、まるで赤ちゃんのようなつやつやした指になります。

靴も同様で、「**布**」「**リキッドクリーム**」「**ツヤ出しスポンジ**」の3点を買ってしまいましょう。汚れを布で拭いたあとに、リキッドクリームを塗り、乾いたところをツヤ出しスポンジで軽くこするだけ。

またスニーカーなどは購入直後に防水スプレーをかけ、汚れがついた場合は「**激落ちくん**」に代表されるメラミンスポンジで磨けばメンテナンスは完了です。

デュカートのツメミガキセット

コロンブス社のツヤ出しスポンジ（左）とリキッドクリーム（右）

激落ちくん（写真は、お得な4個入りの激落ちキング）

香水は、そもそも「つけない」のが正解

最後に、香りについて。

仕事柄、大物と呼ばれるような芸能人の方や経営者の方とご一緒する機会も多いのですが、**彼らのほとんどに共通するのは、「香水をつけていない」こと**です。

華やかな場所にいる人ほど香りも華やかに整えていそうな気もしますが、そうではありません。

というのも、匂いには好き嫌いがあります。さらに、毎日香水をつけていると匂いにマヒし、どんどん香りをきつくしてしまいがち。香りが強すぎると、レストランなどでお店や他のお客さんに迷惑になることもあります。

香りは、ないほうが気づかいとしてはいいのです。

ただし、**唯一おすすめできるのは「石鹸の移り香」**。お風呂上がりのような清潔感を思わせる香りであれば、迷惑になることはなく、いい印象を残せるでしょう。

石鹸の香りをまとわせるのは、簡単。**ハンカチや紙でつつんだ石鹸をタンスやクロー**

ゼットに入れましょう。

一方、「マウスウォッシュ」や「制汗スプレー」など、「イヤな臭い」を消すのは大人としてのマナーです。これらは、常時持ち歩いておきたいアイテムです。

チェックポイント

☑相手が清潔感を感じる服装を選ぶ

☑余計なものは持たない、身につけない

☑爪が伸びすぎていないか、ネイルがはげていないかを確認する

☑月に一度、靴を磨く

☑香水ではなく、マウスウォッシュや制汗スプレーでイヤな臭いを防ぐ

scene 2

話しかけるタイミング

損する人は、「目が合う」まであいさつしない

得する人は、「姿が見えたら」あいさつする

見てないふり…
見てないふり…
僕、何か
悪いことした…？

あいさつは先手必勝！

人間関係の基本「あいさつ」ですが、これが意外に気をつかいます。

たとえば会社の廊下で、奥から部長が歩いてきたのに気づいたとき。

多いのは、「相手と目が合ったタイミングであいさつをする」でしょう。

相手が近くに来て、目が合ったのを確認して「あ！　お疲れさまです」。

……でもこの方法、どうでしょうか。

「**本当は気づいていたけど、あえて気づいていないふりをする**」という小芝居をしたことはないでしょうか？

非常に気まずいですよね。そして実はこのとき、相手のほうも「**あ、気づいてないふり**

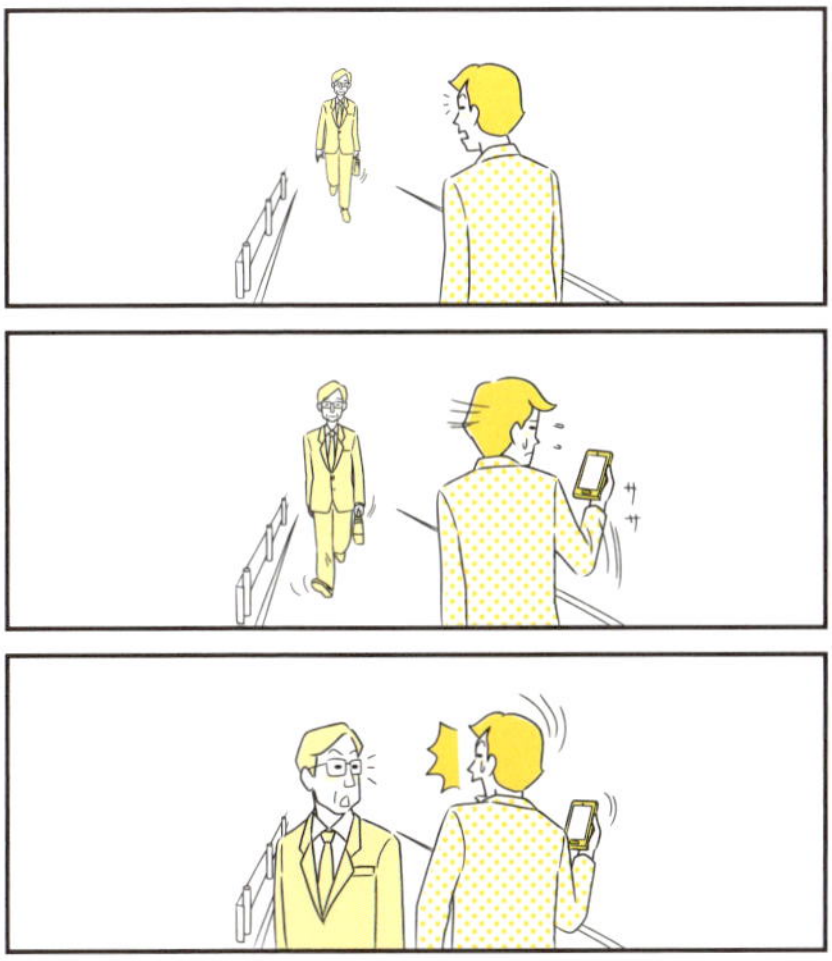

オフィスでよくある小芝居の例

してるな」とわかるものです。

つまり、**お互いにちょっと気まずい思いをする**という典型的な損する気づかいになってしまいます。

あいさつの基本は、「相手の姿が見えたらあいさつをする」こと。自分から「こんにちは」「お疲れさまです」などと声をかけましょう。

もし、距離が離れていて声をかけるには微妙な場合であれば、まずはぺこりとお辞儀をしたり、手をふるだけでもかまいません。その上で実際に近づいてから「こんにちは」と言えばいいのです。先手必勝、これがあいさつの基本です。

「声をかけて問題ないか」を確かめる

では、繁華街やショッピングモール、レストランや遊園地など、職場や学校とは異なるシチュエーションで上司や先輩、あるいは近所の人とばったり出くわしたときはどうでしょうか？

ここでも基本は、「自分からあいさつをする」のが正解です。

ただし、注意事項があります。**「本当に声をかけていいタイミングか?」をいったん観察してください。**たとえばいつもはクールな人が恋人と仲よく歩いていたら……仕事をさぼってパチンコ屋に入るタイミングだったら……?　街の中ではそんな可能性があります。

では、どんなポイントを見ればいいのか。観察するポイントは次の3点です。

① その人と一緒にいる相手は今、あいさつしても問題なさそうな人物か否か

一緒にいる相手がいるか、いる場合はどんな人か。異性なのか、同性なのか、見た目の雰囲気や年齢……それによって判断も変わってきます。

② 声をかけたら気まずい思いをする場所か否か

お見合いパーティーや婚活バー、あるいは美容外科の入っているビルの前など、プライベート的に秘密にしておきたい場所では、声をかけないほうが無難です。

③ 問題なさそうなタイミングか

人には、話しかけてほしくないタイミングがあります。たとえば服屋で「何かお探しですか？」とやたらと話しかけてくる店員さんはイヤですよね。そっとしておいたほうがいいか、声をかけてもいいか、ショップ店員になったつもりで観察してみましょう。

特に大きな判断のポイントとしては、**「相手の秘密（隠しておきたいこと）にふれないか」**に注意してみてください。

第一声はワンポイントおしゃれをほめる

声をかけるのはいいのですが、迷うのが「どう声をかけるか」です。単に「こんにちは」や「お疲れさまです」だけでは会話が続きませんよね。

そこでおすすめの方法が、「相手のワンポイントおしゃれをほめる」ことです。

「こんにちは（お疲れさまです）、かわいい（素敵な）○○ですね」

と、これだけでOKです。自分が気になった部分を口に出してほめましょう。

このとき注意したいのは、「具体的にほめる」ということです。ざっくりと「今日の服かわいい（カッコいい）ですね」ではなく、具体的に**「服の何が、かわいい（カッコいい）のか」を言及してください。**

- **「服」ではなく　↓「ジャケット」**
- **「ヘアスタイル」ではなく　↓「前髪」**
- **「時計」ではなく　↓「時計の色」**

など、ほめるポイントは小さく限定するほうが共感を得やすいのです（「初めてのデートの思い出は？」とざっくり聞かれてもぼんやりとしか答えられないけど、「初めて手をつないだときの感想は？」と聞かれるとハッと思い出せるものですよね）。

場合によっては、**「これユニクロのジャケットだよ」**と相手にとっては何の思い入れもないアイテムだった……という可能性もあるでしょう。

でもそんなときは**「そうなんだ。でも〝私（僕）的には〟とっても素敵だと思ったよ」**と切り返してください。「自分はそう思う」のだから、それでいいのです。

このちょっとしたやり取りが、コミュニケーションを円滑に、気持ちのいい人間関係をつくるきっかけになります。

さらに詳しくは、シーン7「ほめ方」の項目もあわせてご覧になってみてください。

チェックポイント

- ☑ 元気よく自分から声をかける
- ☑ 距離が遠いときは会釈、または手をふる
- ☑ 声をかける前に、相手の状況（相手の秘密にふれないか）を確認する
- ☑ 相手のおしゃれを見つけ、具体的にほめる

scene 3

初対面

損する人は、「変わったお名前ですね」と言う
得する人は、「何とお読みすればよろしいですか」と聞く

おてあらいさんとは変わった名前ですね！
御手洗　太郎

名前は世界一大切な「アイデンティティ」

「何を話せばいいかな……」

「怖い人だったらどうしよう……」

いくつになっても、初対面は緊張するものです。

特に仕事では名刺交換をする場面が出てきますが、そのとき相手の名前が難しい、見慣れないものだった、という場合どうするでしょうか。

一般的に「名刺交換は相手との接点を探す場面」と言いますから、一言あったほうがよかろうと、「へぇ〜、四十万《しじま》……**変わったお名前**ですね！」などとつい言いたくなるかもしれません。……が、「変わった名前」という言い回しは「損」をします。

そもそも名前とは、大切なアイデンティティです。それぞれの歴史や思いが込められているものなのです。

だから、**「変わった」などと誤解を招くような表現はせず、相手が王室の方であるかのように丁寧に接するくらいが「得」する気づかい**です。

フリガナがなければ、「何とお読みすればよろしいですか？」と聞くようにしましょう。

一方、名字が読める、フリガナがあるのであれば次が基本のステップです。

① 名刺をいただいたら「ゆっくりと声に出して」名前を読み上げる
② 「素敵なお名前ですね」と言う
③ ほほえみながら相手の顔を2秒見つめる

すると、相手は自分の名前を大切に扱ってくれたと思い、ちょっとうれしく感じます。

また、声に出して読み上げ、かつ相手の顔を見つめることで名前と顔をすぐに覚えることもできます。

簡単にできますので、ぜひ試してみてください。初対面の緊張がとけますよ。

名前から話題を広げる3つの質問

さて、今お伝えしたのが基本の型。でも、「相手の名前が特に変わったものでなかった」「そもそも名刺交換ではないあいさつ」という場合もあるでしょう。だからといって名前にふれないのは、非常にもったいない！　読み方を確認する以外にも、「名前を使った話題の広げ方」がありますので、ぜひシチュエーションに合わせて使ってみてください。

質問①　「お名前の由来はなんですか？」

苗字が「佐藤」や「鈴木」でも、下の名前には子どもの将来を想った何らかの意味がこもっているものです。「お名前の由来は何ですか？」とエピソードを聞き、「ご両親の想い（センス）、素敵ですね」などと返すことができます。

質問②　「ご出身はどちらですか？」

「道祖土《さいど》」「勅使河原《てしがわら》」「西垂水《にしたるみ》」「防《ふせぎ》」「御宮司《おんぐうじ》」など珍しい苗字の方だったら、「ご出身はどちらですか?」と尋ねてみましょう。相手の出身地の話題はもちろん、「実は先祖が神職をしていたようで……」など、深い情報を教えてもらうことができます。

質問③ 「どんな漢字を書くのですか?」

口頭で名前を聞いたときに使いたいのがこの方法です。漢字の書き方を尋ねるだけで、「きちんと相手の名前を覚えたい」という前向きなニュアンスが伝えられます。

漢字の書き方を聞いたら「素敵なお名前ですね」「イメージにぴったりですね」などとあいづちを打つのも効果的。相手が外国人だった場合も同じで、「どのようなスペルですか?」と聞きます。

そもそも、初対面で相手のアイデンティティに深く関わる話ができるのは名前だからこそ。ここを「チャンス」と捉えられると、いいスタートダッシュを切ることができます。

名刺交換で「失点」を防ぐポイント

名刺交換する際は、その所作も大切です。

名刺交換をするときは、自分の名刺を「相手の名刺より下」に差し出してください。変にへりくだった態度をとる必要はありません。**あくまでも自然に、当然であるように。**自然とこの所作ができると「礼儀正しさ」を伝えることができます。

ちなみに私の経験上、どんな会社・どんな立場の方に会っても「絶対に損しない名刺の作法」があるので、簡単に紹介しておきましょう。

・名刺入れは、黒色か茶色の肉厚かつシンプルな革製品を使う（ステンレス製名刺入れやシステム手帳での保管は印象がよくない）
・しわや汚れのない、きれいな名刺を常時30枚ほど入れておく
・名刺を渡すときは、訪問者（目下）から歩み寄り、目上の人に差し出す
・テーブルを挟んであいさつする場合は、可能な限りテーブルの横に回り込む

・名刺を受け取るときは、相手よりも「あと」に「両手」で受け取る
・その際、相手の会社名や名前を指で隠さないようにする
・受け取った名刺は座席順に並べ、もっとも上役の人の名刺を自分の名刺入れに乗せる

このマナーを基本としておくと、たとえどんな人が相手でも、少なくともマイナス評価を受けることはありません。

チェックポイント

☑ 読み方を聞くなど、相手の名前に興味を示す
☑ 由来を聞いたり、漢字の書き方を質問したりする
☑ 名刺は相手よりも「下」に差し出す
☑ きれいな名刺を切らさないようにする
☑ 名刺は常に「両手」で取り扱う

得する気づかいコラム１

菅野美穂さんのすごい「お辞儀力」

「実《みのる》ほど頭《こうべ》を垂れる稲穂かな」ということわざがあるように、すぐれた人ほど謙虚に人に接するものです。

あいさつのときに基本となるのが「お辞儀」。

私がお辞儀で思い出すのは、女優の菅野美穂さんです。以前、菅野さんが出演するCM現場に立ち会ったことがあります。

彼女のお辞儀は、本当に見事でした。

彼女のお辞儀は角度が深い。「自分のつむじを相手に見せる」ほど丁寧にお辞儀をされていました。

マネージャーに促され、計算ずくでプロデューサーやカメラマン、監督、クライアントにあいさつする芸能人はたくさんいます。ですが、彼女はスタジオにいるアシスタントやケーブル持ち（撮影の見習い）にまで「お願いします」「ありがとうございます」と頭を下げていました。そんな人を、私は見たことがありません。

このお辞儀一つで、スタジオにいる全員が心を掴まれ、「この人を応援したい！」と思ったものです。

動き一つで、人の心を奪うことがあるのだなぁと、非常に印象深い出来事でした。

scene 4

口ぐせ

損する人は、「なるほどですね」と言う
得する人は、「おっしゃるとおりですね！」と言う

ここの売上がね……
それで利益が……
なるほどですね
なるほど
なるほど
なるほど〜
なるなる
なるほどでございます

「了解です」ではなく、「承知しました！」

「人としてきちんとしているか」などの人間性が見られるのが言葉づかいです。特に、ふとしたときの言葉づかいに、本当のキャラクターが出ます。ちょっとした言葉づかいの間違いで評価を下げている人が、あなたのまわりにもいませんか？

たとえば先輩や上司、取引先から何かを頼まれたときに「了解しました」「了解です」などと言う人も多いかもしれません。しかし**「了解」とは、権限を持つ人が下位の人に許可を与えるときに使う言葉であって、正しくは「承知しました」や「かしこまりました」**となります。

それ以外にも、「はいはい」、「ＯＫです」なども相手を軽んじているような印象を与えてしまうので要注意！　目上の立場にいる人ほど、こうしたちょっとした表現に敏感であり、内心「ん？」と感じてしまうものなのです。

敬語を完全にマスターするのは大変ですが、最低限「自分の立場で使ってはいけない表現とその言い換え」を、ここでは紹介していきましょう。

最強の地雷ワード、それは「なるほど」

先輩「メモは1冊のノートにまとめたほうが、情報がバラバラにならないよ」
後輩「なるほど、わかりました」
先輩「あと、メモはぜんぶ書くよりも大切なことだけ取ればいいよ」
後輩「なるほどです」
先輩「3色ペンでメモを取って、情報の種類で色を使い分けるのもおすすめ」
後輩**「なるほどですね」**

「うっかり使っている率ナンバー1」「リピート率ナンバー1」「圧倒的に嫌われる率ナンバー1」のイラッと三冠王が、この「なるほど」です。

この「なるほど」は、使われた側からすると**「上から目線（何様?）」「傲慢《ごうまん》さ（バカにしてるの?）」あるいは「いい加減さ（本当に聞いてる?）」**を感じさせる言葉です。

「なるほど」は本来、対等の立場や目下の人（後輩や部下）に対して、同意や納得したときに使う言葉です。

思わぬところで損をしますので、「なるほど」は意識的にやめて、同意であれば「はい」、納得するなら「おっしゃるとおりですね」、感銘を受けたなら「それは知りませんでした！」などと反応するようにしてください。他にも、こんな表現に要注意です。

要注意！　の敬語一覧

×参考になりました　↓　○勉強になりました

×お座りください　↓　○おかけください　※おすわりするのは犬です

×食べられますか？　↓　○召し上がりますか？

×ご一緒します　↓　○お供いたします

×役不足　↓　○力不足　※役不足は「自分には簡単すぎる」の意

×つまらないものですが　↓　○気に入っていただけるとうれしいのですが

※大したことないもＮＧ

×すみません　↓　○恐れ入ります

×大丈夫です　↓　○結構です　※「どっち？」と誤解を与えます

特に男性はプライドが高く、「ほめられた」というポジティブな事実より、「バカにされた」「軽く扱われた」ということを非常に気にします。思わぬ地雷を踏まぬようにしましょう。

何でも「させていただいております」は慇懃無礼《いんぎんぶれい》！

一方、「丁寧さ」や「正しさ」を追求するあまり、「丁寧すぎて逆におかしい」「慇懃無礼になっている」というケースもよく見られます。

たとえば、「こちらの会社に勤めさせていただいております、田中です」のように、使う必要のない場面で「させていただく」を連発したり、「お越しになられる」「社長様」「存じ上げておられますか？」のように、二重三重に敬語を重ねてしまったり。

次のようなケースはよく見られるので注意しましょう。

間違えやすい二重敬語

×お越しになられる　↓　○お越しになる
×ご覧になられる　↓　○ご覧になる
×伺わさせていただきます　↓　○伺います
×おっしゃられる　↓　○おっしゃる
×お召し上がりになられますか？　↓　○召し上がりますか？

理想は敬語を自在に使いこなせることですが、「きちんとしよう」としすぎると、かえって「無理をしている」「ふだん敬語を使っていない」ことがバレてしまいます。

メールもそうなのですが、「目上の人に送る」からといって過剰な敬語を使ったり、変にかしこまった定型文だけだと「残念な人」「感情がない人」といった印象を与えてしまうものです。

重要なのは、「相手を不快にさせないこと」ですから、ここで紹介したようなちょっとした敬語に気をつけてみてください。

日々練習しておくことで、だんだんと自然に敬語が使えるようになります。

チェックポイント

☑「承知しました」を口ぐせにする
☑「なるほど」は使わない
☑目上の人が笑って許せない「敬語間違い」を覚える
☑丁寧にしすぎて、逆に失礼にならないようにする

scene 5

話題のつくり方

損する人は、「自分が何を話すか」ばかり考えている

得する人は、「相手が話したいこと」を引き出す

口ベタでも会話が盛り上がるすごい方法

初対面の人と話していて、こんな場面を経験したことはないでしょうか？

「空になったお茶のコップを飲むふりをして時間稼ぎをした」

「何となく気まずくて特に用がないのにスマホを取り出した」

いろいろ話題を提供するも、相手の興味とかみ合わず、空回りしてどんどん気まずい雰囲気になる……。なぜ、そうなってしまうのでしょうか？　答えは一つです。

自分が何を話すかばかり考えているから。

「何を話そう」「どうやってこの間を埋めよう」と（無意識にでも）考えていると、会話は止まりやすくなります。なぜなら、「自分が話すことばかり考えてしまう」というのは、「相手に興味を持っていない証拠」でもあるからです。

いいコミュニケーションは、響き合い。「相手はどんな人なのか」「相手は何を話したいのか」に軸をずらしていくと、「ぜんぜん盛り上がらない」という事態は避けられます。

コミュニケーションがうまい人ほど、話すことよりも聞くことに力を注ぎ、コミュニケーションのカギ（話題の中心）を見つけています。**理想の割合は、「自分が話す」2対「相手の話を聞く」8の比率です。**

聞き方を改善していくと、そもそも「口ベタ」「人見知り」だから人になるべく会いたくない、という悩みもなくなります。むしろ、一方的にベラベラとしゃべる人よりもずっと印象がよくなり、人間関係をつくるのが得意になっていくでしょう。

本音を引き出す「3つの鉄板質問」

「でも、何を聞いてよいかがそもそもわからない！」という方も多いと思います。そこで、「相手が話したいことを引き出す3つの鉄板質問」をご紹介します。

鉄板質問①　わらしべ質問

「わらしべ長者」というおとぎ話があります。ある貧乏人が「わら」から物々交換していき、最後には大金持ちになるというストーリー。この「わらを物々交換する」という考え方が質問にも応用できます。

たとえば「この前、おいしいパスタの店を見つけてね」と言われたら「何のパスタを食べたのですか?」と一部（わら）を切り出して質問（物々交換）する。「カルボナーラだよ」と相手が答えたら、「昔からカルボナーラがお好きなんですか?」とまた切り出す。

このように相手の会話の一部（わら）を抜き出して質問するだけで、相手の興味がある話で盛り上がることができます。

鉄板質問② やまびこ

「わら」を探すのが難しいという方には「やまびこ」がおすすめです。

やり方は簡単で、「相手が発したフレーズ」を「疑問形」にして「やまびこ」のようにリピートするだけ。たとえば「最近、いい出会いがなくて」と言われたら**「え! 出会いがないの?」**と言うだけ。

ちょっとした雑談では、多くの人は具体的なアドバイスではなく、「話を聞いてもらいたい（理解してほしい）」と望んでいます。だからこそ「やまびこ」を使って、相手の本音を引き出し、その言いたい答えを聞いてあげるだけで話が続きます。

鉄板質問③　大変ですね

相手がネガティブな話題をしてきたときに使えるのが「大変ですね」です。人間誰しも、「自分の話を聞いてもらいたい」と思っています。余計な会話は不要です。「大変ですね」と共感するだけで「そうなんですよ～」と相手がひとりでに話し出してくれます。

「ご出身はどちらですか」からどう広げる？

特に初対面の会話で困るのが、話題の広げ方。たとえばシーン3でも紹介した「**ご出身はどちらですか？**」はテッパンですが、ここからどう会話を広げればよいでしょうか？

相手の答えは北海道の小樽かもしれませんし、山梨の聞いたことのない地名かもしれません。でも、詳しくない場所でも安心してください。

そういうときは「**失礼な質問でごめんなさい、〇〇県のどのあたりなんですか？**」「**ごめんなさい、初めて聞いた地名なんですが、どんな場所なんですか？**」と聞くことです。

ある程度知っている場所ならば、「今度遊びに行こうと思うのですが、おすすめの食べ物（スポット）はありますか？」「やっぱり、地元の方は〇〇（名産品など）を食べたりするんですか？」と返してみてください。

運よく行ったことのある場所ならば、「〇〇なんですか！　素敵なところですよね」「〇〇がおいしかったなぁ」「また行ってみたいです」など、感想やエピソードを。

地元の思い出は誰しも持っていますから、思い出を引き出す質問が最適です。

ちなみに、相手が東京出身だった場合も、「**〇〇ですか、山手線の内側なんてうらやましい**」「**私も〇〇沿線に住んでみたいと思っていたんですよ**」などで大丈夫。

このように、質問は「その場しのぎ」ではなく、その次どこに持っていくかを考えておくと、相手のエピソードトークにつながっていきます。

きっかけの質問とその広げ方の例

・「○○を教えてくれませんか？」
↓相手が得意なことを尋ねるのは、会話を広げるテッパンの一つ。
・「週末（今晩）は雨が降るらしいですよ」
↓天気の中でも、雨は話題がはずみやすく、たとえば「雨と言えば、降水確率何％なら傘を持っていきますか？」などと広げられます。
・「そのTシャツ、おしゃれですね」
↓「どこで買ったんですか？」「いつもおしゃれですよね」など、広げていきましょう。

チェックポイント

☑「相手はどんな人なのか」「相手は何を話したいのか」に話の軸をずらす
☑「自分が話す」2対「相手の話を聞く」8の比率で会話する
☑「わらしべ質問」「やまびこ」「大変ですね」の鉄板質問を使う
☑「きっかけ質問」で話題を広げる

scene 6

聞き方

損する人は、リアクションが薄く盛り上がらない
得する人は、抑揚をつけて会話のリズムをつくる

この前コーヒーを飲んだら、えらいしょっぱくてさ…
ブ
部長、それは塩と砂糖を入れ間違えたんですね
…そ、そうなんだよね…オチが…

「小さいうなずき」2対「大きいうなずき」1の割合でうなずく

「この人と話しているとなぜかイラッとする」
「悪い人じゃないけど、なんだか話が盛り上がらない」
「私の話を聞いていない感じがする」

対人関係で大切なのは、質問だけではありません。**うなずき方やあいづち、リアクションといった要素も、超重要なポイント**です。うなずき方一つ、あいづち一つで会話にはリズムができ、会話の空気をよくも悪くも変えてしまいます。

ここではまず、うなずき方について考えてみましょう。

誰もが自分の立ち姿や顔は鏡でチェックしますが、一番大切な「人と対面しているとき」には気を抜きがち。聞く態勢ができていない場合が多いのです。

「うんうんうん」「はいはいはい」とテキトーなあいづちでのけぞったり、腕を組んだり、スマホをいじったりしながらでは「この人と話したい」とは思ってもらえません。

まずは、姿勢を整えてください。

① 体を相手のほうに向ける
② 相手の目を見る
③ 前のめりに（相手に10センチ近づく）

そして、うなずきもワンパターンではなく、ちょっと変化をつけます。

イメージとしては、「**小さなうなずき**」**2対**「**大きなうなずき**」**1**の割合でうなずいてみてください。

たとえば、「うんうん（小さいうなずき2回）」のあとに、「そうなんですね！（大きなうなずき1回）」をセットにしてみます。

さらに細かいテクニックとして、メモを

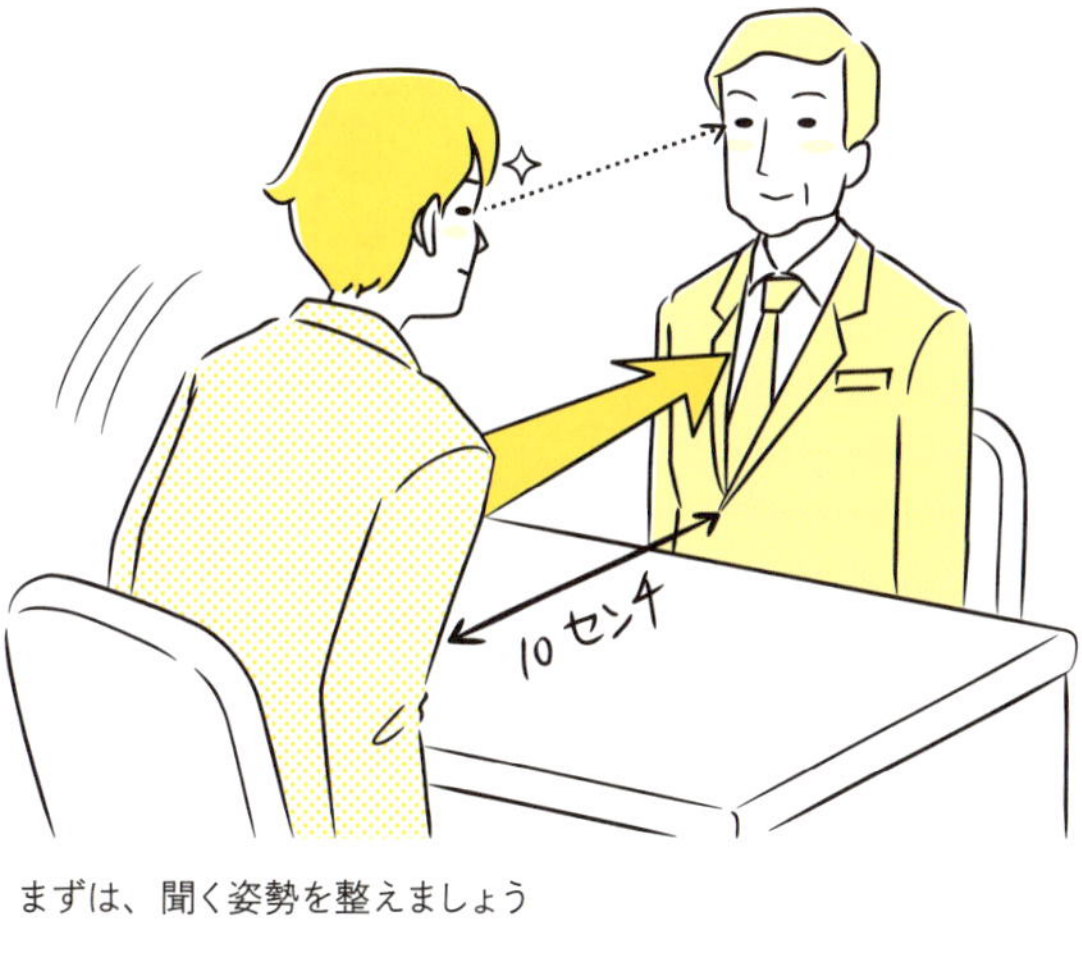

まずは、聞く姿勢を整えましょう

取っている場合、**大きなうなずきと同時に、該当箇所に「大きく○を描く」**というのもあります。「とんでもなく感銘を受けた」というアピールができます。「ここぞ」というとき、大事な相手との打ち合わせなどがある場合は使われてみてもいいかもしれません。

あいづちは「共感」で最大効果を発揮

もう一つは、あいづち。相手が思わず話したくなるようなあいづちをするために重要なのは、「共感」。いくら気持ちがあっても、態度がともなっていないと人は理解をしてくれません。あなたの言いたいこと（気持ち）がわかりますよ、とわかりやすく示す3つの方法を紹介しましょう。

①　共感を誘う「表情」のポイント

まず、日本人が大の苦手な「表情」！　写真を撮るときにはバッチリ笑顔でも、ふだんのコミュニケーションでは気を抜いて無表情になりがちです。

基本のコツは、口を「イー」と発音する形にしてキープしておくこと。

笑顔が苦手でも、口角を上げておくことで「笑顔らしい表情」ができます。

特に楽しい話、明るい話をしているときは意識してください。

なお、悪い話や悲しい話を聞く際は、眉間にしわを入れつつ、首を10度ほど（気持ち傾ける程度）右か左に傾けると心配そうな表情になります。

② 共感を誘う「言葉選び」

笑顔は「イー」の口、悲しい話を聞くときは首を10度傾ける

表情の次は、あいづちの言葉選びです。

基本は3種類、「へぇ〜」「ほぉ〜」「はぁ〜」を使ってみましょう。感心している様子は「〜」に宿ります。

一方、悪い話の際は「それはきついですね」「信じられない」の2つがおすすめです。

③ 共感を誘う「お礼」

最後のポイントは、お礼。

「楽しい話を聞かせてくれてありがとう」「つらい話なのに、私に聞かせてくれてありがとう」と、この一言があるとないとでは、対面後の印象が劇的に変わります。

必ず、お礼を伝えましょう。

感情・感心は、「〜」にこもります

会話を加速させる5つのキラーワード

・「さすがですね」
・「勉強になるなぁ」
・「それは大変だったでしょう」
・「それは楽しみですね」
・「教えてください」

チェックポイント

☑「小さいうなずき」2対「大きいうなずき」1の割合でうなずく
☑体を相手に向け、相手の目を見ながら（10センチほど）前のめりになる
☑「イー」をいう口の形など相手の話に合わせて表情を意識的につくる
☑「へぇ〜」「ほぉ〜」「はぁ〜」で共感する
☑「楽しい話を聞かせてくれてありがとう」などのお礼で会話をしめる

scene 7

ほめ方

損する人は、
ざっくりとほめるので
ウソっぽい

得する人は、
言葉のチョイスが
さりげなくて本音っぽい

「本当っぽい」と「ウソっぽい」の違いとは

人の欠点はすぐに見つけられるのに、他人のいいところを見つけるのって、案外難しいものですよね。あなたは他人のいいところを見つけてうまくほめられますか？

ほめ上手は喜ばせ上手。社内外でキーマンに気に入られる、プライベートでも誰とでも仲よくできる。そんな人は、ちょっとしたほめ言葉がうまいものです。

……だからと言って、何でもかんでも「素敵ですね」「すごいですね」「やば〜い」などというのは損する気づかい。好かれるどころか、「心がこもっていないな」とウソっぽいと捉えられてしまうのです。

では、「本当っぽい」と「ウソっぽい」を分けるものは何でしょうか？

それは、「さりげなさ」です。

「素敵ですね」「すごいですね」「やば〜い」の連発がよくないのは、とても機械的な受け答えで「この人は何も見ていないな」「誰に対してもこうなんだな」「人に興味がないんだな」と思われてしまうからです。

一方「本当っぽい」言葉には、相手が「えっ？　そうかな？」と思わず受け入れてしまうさりげなさがあります。

このさりげなさを生むのが、「何をほめるか」そして、「どんな言葉をチョイスするのか」の2つの要素です。

見るべきポイントは「性格」「見た目」「行動」

では、そもそも「何をほめるか」ですが、これは、人と接するときにはあらかじめ決めておきましょう。というのは、**「その人の何をほめるか」は、イコール「その人の何を見るか」**なので、ここを決めておけば自然と意識がそこに向きます。すると、無理やりつくった言葉ではなく、本当のほめ言葉が出やすくなるのです。

大きくは次の3つで、**「性格」「見た目」「行動や仕事ぶり」**についてです。

まず「性格」は、その人の内面。誠実さ、責任感、思いやり、めんどう見のよさ、判断力など、相手のパーソナリティーについてです。

次に「見た目」は、髪型や服装、アイテムなど。さらに「声」もここに含まれます。最後の「行動や仕事ぶり」は、より具体的なアクション、たとえば「気配り」「あいさつ」「仕事が丁寧」「食べっぷりのよさ」などについて言及します。

そして、ほめる際に重要なのはちょっとした言葉選び。たとえば、人の特技について「○○『が』できるんですね」というのではなく、**「○○『も』できるんですね」**と、一語変えるだけでその人を肯定する力が変わってきます。

ほめるときの例

●性格

「思いやりもあるね」「責任感もあるね」「めんどう見もいいね」「感受性も豊かだね」

●見た目

「姿勢もいいね」「ショートカットも似合うね」「メガネも似合うね」「声も素敵だね」

●行動や仕事ぶり

「気もきくね」「あいさつもいいね」「仕事も丁寧だね」「食べっぷりもいいね」

写真を撮るように、フォーカスを変える

さて、ここまでが初級編。さらにワンランク上の方法として、写真を撮るときのようにフォーカスを変えて人をほめる、という方法があります。

方法は2つで、**「相手の具体的なポイントをどんどん絞って言葉にする（フォーカスを絞る）」「相手のセンスや雰囲気をとらえて言葉にする（全体をとらえる）」**。これらを組み合わせることで、ほめ方のレベルがより高められます。

まず「フォーカスを絞る」とは、たとえば目が大きくて印象的な人がいたとします。このとき「素敵な目ですね」とつい言いたくなるかもしれませんが、より具体的に**「黒目が素敵ですね」**。このように伝えるとグッと表現力が増すのです。

「フォーカスを絞る」の例

・×ネクタイがおしゃれ　↓　○ネクタイの水玉がおしゃれ

・×服がかわいい　↓　○パンツルックがかわいい

・×料理がおいしい　↓　○塩加減が絶妙でおいしい
・×仕事、がんばってるね　↓　○売上130％増なんて、仕事がんばってるね
・×頭がいいね　↓　○記憶力がいいね

一方、服やカバンなど、ポイントがたくさんある！
そんな人には何か一つをほめるよりも**「相変わらずセンスがいいですね！」**など全体の雰囲気を表現します。

「全体をとらえる」の例

・久々に会う人に「雰囲気変わりましたね！」
・異性に対して「モテそうだなぁ」
・能力をほめるとき「何でも知ってますね」
・子どもや後輩に「飲み込みが早いね」
・カラオケで「胸にグッときました」

お祝いごとはチャンスタイム

では最後に、もしタイミングがあればぜひ実践していただきたいテクニックを紹介しましょう。

相手の何をほめればいいか……わざわざ探さなくてもいいタイミングがあります。

それは、**「うれしい話題」があったとき。**この機会を逃してはいけません。

・「後輩や部下が初めて取引を獲得した」
・「子どもがテストで100点を取った」
・「友人が資格試験に合格した」

などなど。

そんなときはどんなに忙しくても作業を中断して、「よくがんばったね」「すごいね」と声をかけてみてください。

さらにその際は、相手と自分が一対一のときではなく、他の人が大勢いる「人前」でほめると効果的になります。職場なら他の人がいる前で、家なら家族がいる前で。喜びの分かち合いは、何よりも大きなものです。

チェックポイント

☑ほめ方のポイントは、「性格」「見た目」「行動」
☑「～ができるんですね」ではなく、「～もできるんですね」と言う
☑一つのことをほめるときは、超具体的にする
☑ほめる箇所が多い場合は、それを選んだセンスをほめる
☑「その場」や「人前」でほめる

scene 8

感謝の言葉

損する人は、「いつもすみません」とへりくだる
得する人は、「いつもありがとう」と喜ぶ

「ありがとう」「ごめんなさい」をハッキリと

人間関係をつくっていく上では、感謝は欠かせないもの。ありがとうの伝え方一つで人間関係はみるみる変わっていくものです。そんな中、気づかいの言葉のうち、大きな損をするフレーズが「すみません」です。あなたは正しく使えていますか？

たとえば、「人にごちそうしてもらった」とき、「人に親切をしてもらった」とき、つい「すみません」と言っていないでしょうか。

「ファミレスで店員を呼ぶ」ときの「すみません」、「先輩との待ち合わせ時間に遅刻した」ときの「すみません」……。どんな場面でも使えてしまうのですが、感謝の場合は「ありがとう」。お願いの場合は「お願いします」。謝罪の場合は、「ごめんなさい」と、あいまいにせず、きちんと気持ちを伝えられる言葉を選びましょう。

中には、「自分なんかのために……」とへりくだる意味で「すみません」と使いたくなる人もいるかもしれませんが、そんな必要はありません。感謝したい場面では、「ありがとう！」「ありがとうございます！」と素直に伝えたほうが相手もうれしいのです。

「○○さん、ありがとう」と名前を添えてお礼を言うとうれしさアップ

では、より「ありがとう」の威力を増す方法を紹介していきましょう。時と場合によって「ありがとう」の言い方を変えると伝わり方が変わるのです。

ここでは、4つのバリエーションを用意しました。

①「○○さん、ありがとう」と相手の名前を添えてお礼を言う

まずは、「○○さん、ありがとう」と、名前を添えるだけ。それだけですが、「自分のことを認めてくれている」という気持ちが増し、お互いの関係がポジティブになります。

②「○○してくれて、ありがとう」と言う

続いては、「何に対して感謝しているのかを具体的に言う」こと。「あなたの行動を見ています」「本当に感謝しています」と、スペシャルな印象を与えることができます。

③お世話になっている人には「いつもありがとうございます」

日ごろお世話になっている人には、「『いつも』ありがとう」。この一言があるだけで、家庭も職場もパッと花が咲いたように環境が整っていきます。

④「助かりました」などの感想をお礼に足す

「ありがとうございます、本当に助かりました」など、相手がしてくれたことがどれだけ役立ったか伝えます。

このように、ありがとうに一つ言葉を付け足すことで、感謝の思いをより強く伝えることができるようになります。

ただのメールやメッセージよりも効果的な「手書き＆写メ添付」

さらに一つ上の方法が、視覚化。「目で見えるようにする」とさらに喜んでもらえます。

まず、すぐにできるのが、何でもない日に「サンキューカード」を渡すことです。
・企画書づくりを手伝ってもらった
・勉強を教えてもらった
・雨の日に傘を貸してもらった
など、日常のささいなことだけど、ちょっとうれしかったことがあった翌日などに「○○してくれてうれしかったです。ありがとう」とカードに書いて渡しましょう（机に置いてもＯＫ）。そこにちょっとしたお菓子（アメ玉やチロルチョコ程度）でも添えておけば素晴らしい気づかい。それだけで相手はほっこりハッピーな気持ちになります。

ただ、それはちょっと女子っぽすぎる、ベタだなぁと思う人には、**「手書きでメッセージを書き、それを写メで添付して送る」**という方法があります。

感謝の気持ちを一言紙に手書きし、それをスマホで写真撮影。そしてメールやＬＩＮＥで送るだけでＯＫです。

紙やメッセージにこる必要はありません。

「わざわざ写メしてくれた」という事実が、ちょっとした喜びを生むのです。

役割を入れ替える「今日だけ代行」

ちなみに、感謝の気持ちをあらわすのにおすすめなのが「役割を入れ替える」という方法です。

これは、

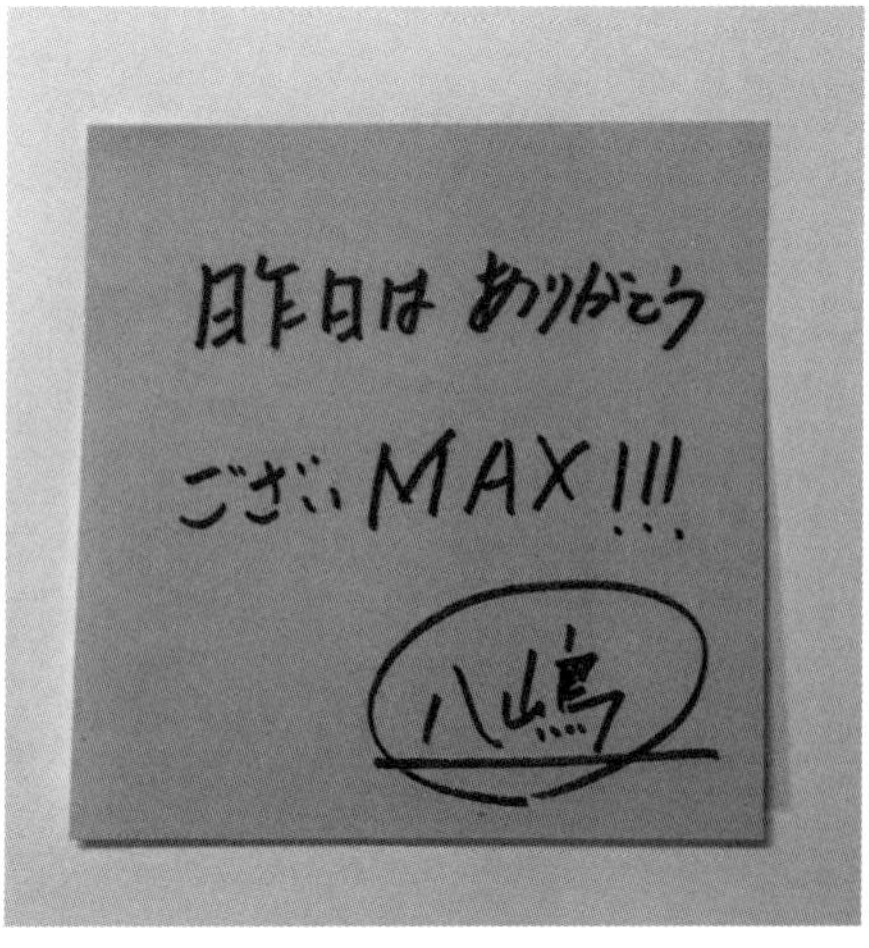

意外と喜ばれる手書き写メ

・会社でお茶を入れてもらっている偉い人が、代わりにお茶を入れてみる
・お母さんの代わりに料理をつくる
・ふだん、お父さんがしている洗車を家族みんなでやってみる

など、いつもの役割を入れ替えてみること。相手の苦労がわかり、相手への日常の接し方に感謝や尊敬の念がわき、より優しくなることができます。
日常のちょっとしたサプライズにも使えますね。なおサプライズについては、シーン31「サプライズの仕方（242ページ〜）」をご参照ください。

チェックポイント

☑「すみません」ではなく「ありがとう」と言う
☑「〇〇さん、ありがとう」と言う
☑「〇〇してくれて、ありがとう」と言う
☑感謝の気持ちを目で見えるようにする

Column 2

得する気づかいコラム 2

赤ちゃんから大人まで通じる、人を安心させる話し方

コミュニケーションの基本は「相手の立場になって考えること」と言われます。でも、どうすれば相手の立場になって考えられるのでしょうか？

この難題にシンプルな答えを教えてくれたのが、元日本医師会理事のA先生でした。

先生の病院では、他の病院では見ない不思議な光景をよく見かけます。それは、赤ちゃんの様子。

診察のときに赤ちゃんはよく泣き叫ぶものですが、A先生の診察のときには、泣き叫ぶどころか逆にニコニコしている、という光景をよく目にするのです。

「何でだろう？」と不思議に思っていると、当時3歳だった私の子どもがこう教えてくれました。

「だってA先生は私の目をきちんと見てくれるから」

……そう。よくよく観察してみると、たしかにA先生は患者さんと話をするときはきちんと体を相手に向けて話を聞く、相手が自分より小さい場合は、相手の目線より低くなるようにしゃがんで話すなど、「相手の話をきちんと聞く体勢」を、誰(赤ちゃん)に対してもとっていたのです。

物理的に相手と同じ目線になる高さで話す。たったこれだけで人は安心感を得ることができるのです。

意外と忘れがちなことですので、ぜひ試してみてください。

scene 9

約束

損する人は、「ぜひまた今度！」でチャンスを逃す
得する人は、「ちなみに希望日は」でチャンスを掴む

「また今度」は二度と来ない

世の中には、運のいい人と悪い人がいると思いませんか？　何をしてもうまくいく。そんな人を見てうらやましいと思うかもしれませんが……実は、運のいい人の多くは、自分で運を引き寄せるような行動をとっています。

たとえば、自分に刺激を与えてくれる素敵な人・憧れの人に出会ったとき、その別れ際でどんな言葉をかけるでしょうか。

「ぜひまた今度お会いさせてください」と言っているなら、それは損をする人です。相手に気をつかっての「また今度」なのですが、「また今度」は二度とこない！

そう考えて、「またぜひお会いしたいです。**ちなみに気が早くて恐縮なのですが、○月の3週目などいかがでしょうか……**」とその場で次の約束を取りつけるのが得する人です。

その場でいきなり約束を取りつけるなんて失礼だと思うかもしれませんが、そもそもその場で約束を取りつけられない人とご縁が続く可能性は少ないので、変な遠慮をする必要はありません。なお、お誘いするときは次のポイントに注意しましょう。

・1ヶ月以上先の予定でお誘いする
・相手が来たくなるようなゲスト、お店、イベントを絡める（会話の中で相手の興味を聞いておけば簡単です）
・複数人での会にする

「ちなみに来月、○○さんのように日本酒が好きな人だけを集めた飲み会をやる予定なんですが、ご興味ありませんか？　誘いたい方がいれば誘っていただいて」といったように、**行かないと逆に損と思うような理由、行きやすい理由**をつくりましょう。

とにかく、次の約束はその場で！　これが縁をつなぎ、チャンスをつかむ方法です。ここぞというときには、少々強引にでも次の予定を決めることを心がけましょう。

損するリマインド、得するリマインド

さて、そんな約束ですが、あなたは約束の前日などに「リマインドメール」を送ってい

ますか？

大人のマナーとして実践している人も多いかもしれませんが、リマインドもやり方次第で「損」にも「得」にもなります。

まず損する人は、「用件だけを伝える人」。たとえば、「明日10時に集合です。よろしくお願いします」といったメール。これは「催促」という感じがして、相手にプレッシャーを与えてしまいます。

正解としては、**「明日10時に集合です。とても待ち遠しいです。よろしくお願いします！」**というように、たった一言でいいので、ポジティブな気持ちを添えましょう。

「駅の改札前」で待ち合わせしない

最後に「約束」に関するちょっとした気づかいのコツを紹介しておきましょう。

それは、待ち合わせ場所。ふだんあまり意識していない分、大人としての気づかいの差が出やすいところです。

「駅の改札を出たところで」「お店の前で」などが定番ですが、「駅の改札」は混むことも多く、大きな駅ともなると人だらけ。広い駅では合流しづらいですし、待っているほうはストレスが大きくなります。

そこで、「駅の近くの書店」「駅の近くのカフェ」などをあらかじめ選んでおくのが、大人のスマートな待ち合わせといえるでしょう。

考え方のポイントは3つで、**1「暇がつぶれる場所」、2「屋内」3「迷わない場所」**です。ぜひ、ワンランク上の待ち合わせをしてみてください。

チェックポイント

☑「ちなみに希望日は」とその場で約束する
☑リマインドメールを送る
☑行かないと損するという理由を添える
☑暇がつぶれる屋内を待ち合わせ場所にする

scene 10

情報を教えてもらったとき

損する人は、

「教えてもらったお店に行ってきました」

と事後報告

得する人は、

「このお店、今度使っていいですか？」

と事前に聞く

ここは昔からの行きつけでさ…
あ、食べログのスコア2・5っすね！

人の顔を立てるには、順番が重要

「おいしいパスタのお店に連れて行ってもらった」

「仕事に役立つ本を教えてもらった」

「子どもの成績をぐんと上げてくれる学習塾を紹介してもらった」

など、日常でうれしい情報を紹介してもらえる場面があります。


たとえば、これはいいな、また来たい！　という素敵なお店に出会い、また別の機会に利用するとします。


そのとき、そのお店を紹介してくれた人に「事前に」連絡をしているでしょうか。

「この前、教えてもらったお店に行ってきたんですよ」と、事後報告する人が多いかもしれません。ですが、これは損につながります。


なぜなら、**人には心象（メンツ）があり、顔を立てるためには順番が重要だからです。**

「行ってきました」の事後報告よりも、「このお店、今度使っていいですか？」と事前に聞いておいたほうが相手はうれしくなるものですし、安全なのです。

「使ってもいいですか？」と事前に確認した上でお店に行き、「教えてもらったお店に行ってきました」と報告するのが、ベストな気づかいです。

おすすめ本を教えてもらったらその場で購入

ではお店ではなく、「本」「映画」「音楽」「日用品」などのパターンはどうでしょうか。

「いいですね、今度買います！」など、「今度」と言うのは損する気づかいです。

おすすめしてもらったら、**その瞬間にすぐ！** これが鉄則です。

たとえば居酒屋で飲んでいるとき、先輩から「この本は勉強になるよ」と言われたとします。そんなときはスマホを取り出し、アマゾンや楽天などで「即買い」しましょう。

音楽を紹介されたら、まずはウェブで検索してみる。映画をすすめられたら、帰り道にビデオ屋に寄る。

このように、コミュニケーションはスピードが命です。もちろん、怪しい商材や何万円もするような商品だったら別ですが、日用品の範疇《はんちゅう》であれば、即行動が絶大な信頼につながります。「○○します」と約束したのなら、どんな小さなことでも即実行することが信頼を強くしていくのです。

反対に、「あとで買います」と口だけで行動がともなわない人は、信頼を失います。くれぐれも、気をつけましょう。損する人と、得する人を分ける大きなポイントです。

「その後の結果」を後日報告する

おすすめしてもらったものを実際に試したら、どうするか。「結果を後日報告する」のが、得する気づかいです。

・「仕事に役立つ本」→「ばっちりプレゼンできて、上司にほめられました」
・「産地直送の野菜」→「野菜嫌いの子どもが夢中になって食べました」
・「おいしい店」→「両親を連れていったら感動されました」

などと感想や結果を伝えることで、信頼関係はより強いものになります。その際、次のようなコツを加えるとより効果的になります。

結果報告のコツ① 第三者を登場させる

「上司」「子ども」「両親」など、自分以外の第三者がどのように反応していたかを伝えると、よりリアルな感想を伝えることができます。

結果報告のコツ② 体験したからこそ得られた情報を入れる

たとえばカルボナーラのおいしい店を教えてもらったときに「カルボナーラはもちろんですが、日替わりナポリタンも気になりました」などと、体験したからこそ得られる情報を混ぜると、きちんと見ている感が出て、もっと教えてあげたいと思われます。

結果報告のコツ③　感謝でしめくくる

感想や結果を報告した際は、必ず「○○な情報を教えていただき、ありがとうございます」としめくくってください。ささいなことでも、感謝の気持ちは口に出していくといいことが起こるのです。

情報はもらいっぱなしではいけません。ぜひフィードバックをし、相手を安心させてあげましょう。それが素敵な人間関係を築く、もっとも簡単なコツだと私は思います。

チェックポイント

- ☑「使ってもいいですか?」と事前に聞く
- ☑その場でアマゾンや楽天などで購入する
- ☑その後の結果を報告する
- ☑「ありがとう」でしめくくる

scene 11

目上の人と接するとき

損する人は、「マナー」や「型」を気にしすぎて慇懃無礼に

得する人は、「ナチュラル丁寧」で好感を生み出す

タクシーに乗るときは、「奥に座ってもらう」ではなく「奥に行きたいかを確認する」

ビジネスマナーの地雷を踏んで、知らないうちに「常識知らず」と思われることほど、恥ずかしくて悔しいことはありませんよね。特に目上の人とのやりとりはやっかいで苦手という人は多いようです。

ビジネスシーンでは、あれこれとマナーがあります。テッパンなものとしては、席次。上座・下座です。

たとえば、タクシー（車）の上座と下座を知っているでしょうか。

一般的に「タクシーの上座は運転手のうしろ」とされており、目上の人と一緒にタクシーに乗る際は、「奥にどうぞ」とすすめるのがマナーとされています。

ですが、このような型にこだわりすぎると、かえって相手に余計な気をつかわせることがあります。

タクシーでいえば、狭い車内の中で奥に移動するのは手間です。また、奥に座ると目的地に着いたとき、先に出られないので、「料金の支払い待ち」も発生します。

そこで、**得する気づかいとしては、「奥に座られますか？」と相手に確認すること**です。

世の中には「ちょうどいいマナー」というものがあります。

ホテルのコンシェルジュや飛行機のキャビンアテンダントなど、仕事としてマナーを徹底しなければいけない、ということでなければ、「型」よりも相手の居心地のよさを考える「ナチュラル丁寧」を目指しましょう。

ナチュラル丁寧とは、たとえば次のようなアクションです。

一般的な、車における上座と下座（1がもっとも上座）

ナチュラル丁寧の例

・何通もメールするなら即電話する
・相手に合わせたおしゃれより、相手に恥をかかせない清潔感を心がける
・ギリギリまで粘って100点の報告を目指すよりも、50点でもいいから早めの報告を心がける
・部屋の温度は、相手の暑い寒いに合わせた温度にする
・新幹線や飛行機のチケットを予約する際は、窓側がいいか通路側がいいかを確認してから取る
・来客時、勝手にコーヒーを出すのではなく、好きな飲み物を選択してもらう
・「ごちそうする」と言われたら、「いいです」を繰り返さず、遠慮なく甘える
・ナイフとフォークで食べる料理でも、お箸を用意する
・座敷よりも、掘りごたつ
・ミシュランの店ばかりではなく、新宿でいえば「ゴールデン街」「思い出横丁」などの渋いスポットに行く

おいしいものを食べさせてもらったら、味の感想ではなく、質問をする

目上の人に食事に連れていってもらったとき、会話を弾ませるための気のきいたコメントが言えず、悩む人が少なからずいます。

フレンチや会席料理、高級焼肉など、「おいしい」のはあたりまえなので、グルメレポートができればいいのですが……。

でも、そんなことで悩む必要はありません。

そもそも、目上の人は味のコメントなんて求めていないのです。**それよりも、この店の自慢や苦労話を話したくてうずうずしています。**

ですから、ここでの正解は、「コメント」ではなく「質問」です。次の2つだけおさえておけば問題ありません。

1「昔からこのお店をご存知なのですか？」

2「どうやってこんなおいしい店を見つけているのですか？」

1は、このお店に関するエピソードを引き出す質問。2は、特に食通の人に有効な質問です。「食べログの評価より、経費を一番使っている営業マンの情報が信用できる」など、意外なエピソードが聞けたりします。

質問から会話を広げていく。これは、どんなコミュニケーションでも共通する得するアクションです。

チェックポイント

☑タクシーに乗るときは「奥に行きたいか」を確認する
☑何度もメールするなら即電話する
☑「昔からこのお店をご存知なのですか？」と聞く
☑「どうやってこんなにおいしい店を見つけているのですか？」と聞く

scene 12

苦手な人と接するとき

損する人は、
あえて視界に
入らないように
「逃げ回る」

得する人は、
わざと視界に入るように
「あいさつする」

下手に出ても、遠ざけても、損をする

マナーを守らない先輩や口うるさい上司。やたらと絡んでくるお局様やゴミ出しを見張っている近所のおばさんなど、誰しも苦手だったり、嫌いな人はいるものです。

心のやさしい人は、きっと苦手な人を意識的に避けたり、視界に入らないように逃げ回ったりするかもしれませんが、その気のもみ方は百害あって一利なし。

人は「自分は嫌われている」と感じると、その人のことを嫌いになる習性があります。相手を避ければ避けるほど、相手に「自分は嫌われている」と思わせてしまうので、関係はどんどん悪化してしまうのです。

そこでおすすめなのが、意識的に「最低限の普通」を演じ、できる限り接触時間を短くするという方法です。嫌いな人は嫌いなままでOKです。苦手を克服するのではなく、近すぎず遠すぎない「大人の距離感」を保つようにしてみましょう。

その最良の方法が、「**わざと視界に入るようにあいさつする**」という方法です。

意識的に相手の視界に入り、「おはよう」「お疲れさまです」とあいさつしてみましょう。

無理して、相手の目を見ながらニコリとする必要はありません。相手の視界の中に入り「みんなに向けてあいさつする」だけでOKです。変に下手に出る必要もありません。

あいさつされただけで、「自分は敵と思われていない」と誰でも感じるものです。

最低限のあいさつだけをして「敵ではない」「自分は嫌われていない」と思わせてください。これだけなら何とか続けられる人は多いと思います。

お局様にはあえて相談し、「ご指摘ありがとうございます」と感謝する

最小限の接点しか持ちたくないけど、仕事や学校、パート先など、どうしても日常生活を送る上で避けて通れない苦手な人がいるものです。

会社の経理、クラスの学級委員など……やたらと自分ルールを押しつけてくるちょっと浮いた人が、あなたの近くにもいませんか？　そんな人に限って、上司や先生への仲介役

をしており、必ず絡まなくてはいけない人だったりします。

そんな避けて通れない人は、3ステップの「**プチ弟子入り**」で乗り切りましょう。

プチ弟子入りのステップ① 認める

イヤなお局様でも、何かしらプラスの面を持っています。そこであなたの好き嫌いはいったん横に置いて、まずは相手の役立つ点を認めましょう。あなたが認めれば、相手もあなたを認めはじめます。

プチ弟子入りのステップ② 相談する

「経理システムに詳しい」「人の名前をよく覚えている」など、お局様が周囲に与える役立つ点を見つけ、「○○について教えてください」とあえて相談しましょう。ポイントは「あえてわかっていること」でも相談するというスタンスです。

プチ弟子入りのステップ③　感謝する

教えてもらったら、「ご指摘ありがとうございます」「助かりました。ありがとう」と言い、感謝してください。

たったこれだけで「プチ弟子入り」は完了です。

上から目線で高圧的な態度をとって嫌がらせやいじめをする人は、実は劣等感のかたまりの人が多いものです。内心では「自分は他人よりも劣っている」と思っており、それを隠すために自分ルールを振り回し、まわりの人を攻撃しています。

それはまるで熊が威嚇《いかく》のために立ち上がっているかのよう。自分を大きく見せようとしているだけで、決してあなたを攻撃しているのではありません。だからこそ敵ではないと「プチ弟子入り」することで、身を守ることができます。

このような人との人間関係は台風と同じようなもの。暴風雨が吹き荒れていても、中心部の台風の目の部分は晴れているものです。そう、**中途半端に離れた距離が一番危険なの**

です。避けて通れない人なら、思い切って内側に入れば安全な場合もあります。

「〇〇さんのせいで」ではなく、「〇〇さんのおかげで」と言う

苦手な人といると、余計なストレスがたまります。そこで、ついグチを言ってしまうものですが、最近の脳科学の研究では「声に出すと記憶が強化される」と言われています。つまり、グチるとその人のことがどんどん嫌いになってしまう、というわけです（ちなみに、「ヤケ酒」もネガティブな記憶を強化してしまうそうです）。

そうして悪い記憶を強化していくと、いつも「イヤな人」のことを考えながら生活することになり、さらに気持ちはネガティブに……。そうなると不思議なもので、同じようにネガティブな人を引き寄せやすくなっていきます。そんなループにはまらないためには、日常の言動をクリーンにしていくことです。そもそもの口グセを肯定的（ポジティブ）に

していくことで、ポジティブで前向きな人との縁が生まれやすくなります。

×「○○さんのせいで」 → ○「○○さんのおかげで」

不思議なもので、「せい」と言うと悪口に聞こえ、「おかげ」と言われると感謝のニュアンスが生まれてきます。こうしたちょっとした一言を変えていきましょう。

×「最悪」 → ○「ツイてる」

「最悪」と言えば言うほど、苦手な人の悪い部分が目につきはじめ、どんどん嫌いになっていきます。逆に「ツイてる」と言えば言うほど、いいところに目が行き、だんだん苦手意識がなくなってきます。

人間は言葉に支配される生き物です。ぜひ「ツイてる」を口ぐせにして、明るい未来に支配されましょう。

×「つらい」 → ○「死ぬわけじゃない」

前向きに言い換えられないほど、落ち込んだり、嫌になるときもあります。そんなときは目線を大きくずらしてみましょう。

たしかに今はつらい人間関係に立たされているかもしれません。でも命を取られるわけではありませんよね。この「死なない」という視点がとても重要です。口ぐせひとつで、心がすうっと軽くなることもあるのです。

言葉が変わると心が変わります。また心が変わると自分が変わります。そして自分が変わると人生が変わります。どうせ話したり、考えたりするなら、人生を変える言葉を使ってみませんか。

チェックポイント

- ☑ わざと視界に入るようにあいさつする
- ☑ 相手の強みを認め、あえて相談をする
- ☑ その際は「助かりました」「ご指摘ありがとうございます」と言う
- ☑ 「〇〇さんのおかげ」「ツイてる」「死ぬわけじゃない」と、言葉を変えてみる

scene 13

仕事の連絡

損する人は、
「本日中に」と早めの期限を伝える

得する人は、
「明日の朝9時までに」と遅めの期限を伝える

逆サバを読んで、「早くできました」が得する気づかい

「急で悪いんだけど、これお願いできる?」

日常では、仕事などを人から頼まれる機会も多いですよね。あなたはそんなとき、どんなふうに答えているでしょうか?

たとえば上司やお客様から仕事の依頼を受けたとき。

「承知しました! 本日中にやります!」と、ここはやる気を見せようと早めの期限を伝えている……。もしそうならば、あなたは損しやすい人と言えるでしょう。

この場合の得する物言いとしては、**「明日の朝9時までにやります」と、あえて遅めの期限を伝えること**です。

「本日中」と「明日の朝9時までに」。

よくよく考えると、業務時間の観点では同じことを言っていますよね。でも実際に仕事を依頼した人からすると、まったく異なる受け止め方になります。

・「本日中」↓「21時まで待っているのに、全然できあがってこない」
・「明日の朝9時までに」↓「まだ21時なのに、早めに納品してくれた」

という感じです。

つまり、早めの期限は相手の期待値を上げてしまうことになり、「思ったより遅い」「ぜんぜんこない」という印象を与えることになります。

そうではなく、逆サバを読んで、「早くできました」と言うのが正解です。

×「本日中」↓〇「明日の朝9時までに」
×「今週中」↓〇「月曜の朝9時までに」
×「3日以内に」↓〇「5日以内に」

というように、少し遅めの納期を伝え、逆に早くできたというほうが、「この人は仕事が早い」という印象になるのです。

仕事においては「早さ＝能力の高さ」です。

複雑な連絡は「メールと電話」を両方使う

「聞いてないよ〜」ダチョウ倶楽部のギャグなら笑えますが、仕事で言われたらシャレになりません。仕事において連絡ミスは致命傷となります。

あなたは「メールと電話」を正しく使えているでしょうか？

電話は「こちらの都合で相手の時間を奪っている感じがする」「言った言わないの証拠が残らない」といった理由からメールが主な伝達手段になりがちですが、メールと電話を併用するのが得するビジネスマナーです。

メールはいつでも読めるというメリットがあるものの、「相手がいつ読んだのか」「すぐに読んでくれるのか」を確認することができないツールです。だからこそ重要なメールや複雑なメールの際には、電話を組み合わせリマインドすることが重要となります。

「メールの補足をさせてください」、「急ぎの案件をメールしましたので、ご確認願います」など、電話で一言添えるだけで、仕事はスムーズにいくものです。

特に「**本文が10行以上あるメール**」や「**添付書類があるメール**」、「**急ぎの緊急案件**」**は**

要注意です。

もちろんメールだけではなく、相手や場合によっては「LINE」や「携帯電話のショートメッセージ」「フェイスブック」などで「メールを送った」とリマインドをしましょう。

重要なのは、自分勝手な「伝えたつもり」を防ぐことです。仕事における連絡のひと手間は、トラブルを未然に防ぎ、また良好な人間関係を引き寄せてくれます。

「報告」とは事実を伝えることだけにあらず

仕事の報告を上司などにする際、「私はよくわからないのですが、○○らしいです」と、まるで他人事のように報告をしていないでしょうか。

ホウレンソウは基本スキルだからこそ、能力ややる気、気配りの差が出るポイントです。得する報告のポイントとしては、次の3点です。

得する報告のポイント①　自分の意見を添える

「今度コンペがあるらしい」「最近専務と常務の仲が悪いらしい」など、聞いたことをただ伝聞するのではなく、「○○という情報があります。それについては××すべきと考えます」と意見を添え、自分なら情報をどう活用するかを添えるのが大人の報告です。

得する報告のポイント②　前例の情報を添える

「○○という動きがあります。ちなみに2年前にも××という同様の事例がありました」と、過去の事例や同業他社の事例を添えると、報告を受けた人が判断しやすくなります。

得する報告のポイント③　今どきの価値観を添える

基本的に仕事の報告を受ける人（より上役の人）は年配者が多いですから、「今どきの20代は○○に興味がある」「最近、女性の間で××が流行っている」など、今どきの価値観を添えることも情報分析の役に立ちます。

報告はキャッチボールと同じです。好き勝手にボールを投げていては報告上手になれません。ボールを受け取る相手をしっかりと見て、相手が取りやすい球を投げてみましょう。ちょっとした工夫が「あいつの報告は大人だ」という評価につながります。

チェックポイント

☑「少し遅めの期限」を設定する
☑「メールと電話」を組み合わせる
☑電話が苦手な人にはSNSの連絡も組み合わせる
☑自分事の意見として報告する

scene 14

電話

損する人は、「今、よろしいですか？」から始める

得する人は、「おじゃましてすみません」から始める

ほとんどの場合、今よろしくない人は電話に出ない

日常の仕事に欠かせない携帯電話ですが、ほとんどの人は電話をしたときの第一声の気づかいができていないようです。

一般的に、携帯電話に連絡するときは相手の都合を最初に確認するのがマナーと言われています。「今、よろしいですか？」がその定番ですが、何事も効率主義の世の中です。

中には、「今大丈夫だから出てるんですけど……」「このやり取りめんどうくさい」と感じる人もいます。特に、１日に何度もやり取りをしていて、そのたび「今、よろしいですか？」はちょっと白々しいものがあります。

そこで、得するマナーとして提案したいのが、**「おじゃましてすみません、〇〇です」**というフレーズです。

「おじゃましてすみません」という一言から始めることで、非常にソフトな物言いとなり、ワンランク上の気づかいを見せることができます（「おじゃましてすみません、〇〇です。

今、よろしいですか?」とするのもOKです)。

ちょっとした差ですが、型どおりのマナーに言葉を足したり、表現を変えることで印象は変わります。

たとえば、何度か面識のある人が相手であれば、第一声は「**○○さん、こんにちは**」でもよいでしょう。

また電話を切る際にも、「それでは失礼します。**ありがとうございました**」と、お礼が一つあるだけで印象が違います。

留守電で「あとでまたかけます!」は最悪のアクション

電話で悩むのは、留守番電話への応対です。

留守電も「残す派」と「残さない派」の人がいますが、**ビジネスマナーとしては残すの**

が正解。

ただし、気づかいが問われるのはメッセージの残し方です。

たとえば、「○○です。すみません、またかけ直します」などと何となく残す人がいるかもしれませんが、これは完全に損する気づかい。

気づかいの中で優先順位が高いのは、「相手の時間」。忙しい人ほど、日々たくさんの電話やメールを受けているものです。

留守番電話センターに残されたメッセージが「またかけ直します」では、「なんて意味がないんだ！　時間を返せ！」ということになってしまいます。

留守電の際は、**「詳細な内容」と「相手にどうしてほしいかアクションを伝える」ことを鉄則**としてください。

「○○の件で、先方が本日15時までに回答をほしいということでした。お手数ですが、折り返しお願いできればと思います。失礼します」

「○日の打ち合わせなのですが、急な出張が入りまして、リスケのお願いをできればと連絡いたしました。メールにて日程をお送りしますので、ご確認いただけましたら幸いです。申し訳ありません」

など、「折り返せばいいのか」「メールを見ればいいのか」「急ぎの案件なのか」など、詳細を伝えることで相手も優先順位をつけて行動することができます。

また、ショートメッセージで「電話の件、追ってメールをします」などフォローしておくのもいい手です。

「もしもし、○○さん」と名前を呼びながら電話に出ると好感度アップ

続いては、かける側ではなく、電話に出る側の気づかいです。

「はい、○○です」と、名乗って出る人は多いと思いますが、気づかいとしてさらにレベルが高いのは相手の名前を呼びながら出ることです。

「もしもし、○○さん」「○○さん、こんにちは」と言いながら出ると、急にお互いの中に安心感が生まれます。

簡単なことですが、意外とやられている人が少ないテクニックです。

自分の名前を呼ばれるのはうれしいもので、簡単に距離を縮めていくことができます。

固定電話を切るときは「手でフックをやさしく押して」から受話器を置く

また、注意がおろそかになりがちなのが電話の切り方。

いくら言葉づかいが丁寧でも、「ガチャン！　ツーツー……」と、いわゆる「ガチャ切り」をしてしまえば台なしです。

基本的なスタンスとしては、「相手が切るまでこちらは切らない」を心がけましょう。

ただし、相手がそのスタンスの場合もありますので、「失礼します、ありがとうございます」のあと**2秒ほど待っても切れなかったら、やさしく受話器を置きましょう。**空いているほうの手でフックをやさしく押して切ります。

また、受話器の置き方も重要です。

フックを切ったあとだとしても、「ガチャン」と受話器を置くのは、まわりから見ていて気持ちのいいものではありません。粗雑な人なんだなぁ、外面《そとづら》だけいいんだなぁ、などとあらぬ疑いをかけられてしまいます。

電話も大切なビジネスパートナー、受話器はやさしくソフトに扱ってあげてください。

チェックポイント

☑「おじゃましてすみません、○○です」も組み合わせる
☑「もしもし、○○さん」と名前を呼ぶ
☑番号通知があった場合は「はい、○○です」と名乗って出る
☑相手が切るまで受話器から耳を離さない
☑受話器を置く前に「フック」をやさしく押す

scene 15

メール

損する人は、依頼されたことに「すぐに取りかかる」

得する人は、「まず返信」してから着手する

「返信のスピード」こそが、至高の気づかいである

「そのメール　気にせず送って　大丈夫?」

なんて標語ができてもおかしくないほど毎日メールを使う時代です。あなたのメールマナーは問題ないですか?

ビジネスメールのマナーにもいくつかありますが、一般的によく言われているのが「24時間以内に返信する」というルールです。

では、なぜ24時間以内なのでしょうか?

それは、「**メールが無事届いたということを連絡して、読み手を安心させるため**」です。

特に重要な案件・日程を決めるなどスピードが求められる話の場合、「返信がこない」というのは相手にとって大きなストレスになります。

得する気づかいの重要な柱は、「人の時間を大切にすること」。ですから、**24時間以内に返せばOKということではなく、「返信は早ければ早いほどいい」のです。**

たとえば、メールで資料づくりを依頼されたとします。相手はいつできるか確認したがっています。

こんなとき得するのは、「メール拝受いたしました。これから着手して、いつになるか明日の朝までに回答を差し上げます」とまずはメールを返信する人です。

実際に作業をしてみて、24時間後にメールをする、ではいけないのです。

・メールを読んだ際は、「メール拝受しました」と返信する

・何かを依頼されて、あとで取りかかる場合は「ご依頼の件は○日の×時までに、あらためてメールいたします」と返信する

スピードは信頼感に直結します。この2つを行うだけで信頼は集まります。まずは何よりも返信のスピード。これを徹底することが、メールにおける得する気づかいです。

わかりやすい、読みやすい、返信しやすいメールのコツ

とはいえ、メールでの気づかいはもちろん返信スピードだけではありません。次の3つも大事な要素です。

1 〈タイトル〉・・・「件名」で重要度と内容を一発で理解できるように
2 〈見た目〉・・・できるだけ短く、見やすく
3 〈内容〉・・・返信したい気持ちにさせる

順に見ていきましょう。

① 件名で重要度と内容を一発で理解してもらう

これは基本中の基本ですが、件名だけで相手がおおまかな内容と、すべきアクションがわかるようにしましょう。

大事なものであれば、「【重要】○○について、○日の13時までに回答願います」などと、いつまでに何をしてほしいのかも書きます。

② 改行と箇条書きで読みやすく

たとえば、下のようなメールが届いたとします。

どうでしょうか。ごちゃごちゃしていて読みにくく感じないでしょうか？

伝えたい情報量が多いときは、「箇条書

件名　○月×日の周年パーティーの詳細

○○様
お疲れ様です、営業部の米田です。
○月×日の周年パーティーについて詳細が決まりました。
会場は▲▲ホテルの「藤の間」となりました。開場は19:00、受付開始は18:30となっております。スタッフの服装はブラックスーツ、赤い蝶ネクタイで統一となりました。設営スタッフは17:30にホテルのロビー集合でお願いします。

以上、よろしくお願いいたします。

き」を駆使しましょう。

また、読みやすさの上では改行も大切なポイント。**意味のまとまりごと（約3行）に「1行空白」を入れてください。**

たとえば、議事録や企画書など、20行以上あるような長いメールを正確に読むのはとてももつらいものです。

そんなときは、メール本文は必要最小限にとどめ、「詳細を書いた添付書類」を送りましょう。

③「ハッキリ」＆「人間味」を

最後に、「相手が返信しやすいメールを書く」ことも大事なことです。

件名　◯月×日の周年パーティーの詳細

◯◯様

お疲れ様です、営業部の米田です。

◯月×日の周年パーティーについて詳細が決まりました。

・会場：▲▲ホテルの「藤の間」

・開場 19:00 ／受付開始 18:30 ～

・設営スタッフは 17:30 にホテルのロビー集合

・スタッフの服装：ブラックスーツと赤い蝶ネクタイで統一

以上、よろしくお願いいたします。

具体的に、次のことを意識してみてください。

・相手にしてほしいことがあれば指示をあいまいにせず、ハッキリと書く
・主語を明確にして、一読で内容がわかるように
・用件だけを伝えず、人間味を加える

まず、相手にお願いしたいことがある場合は、「期限」と「具体的な内容」をあいまいにせずハッキリと伝えましょう。

そうしないと、「〇〇できますでしょうか?」→〈返信〉「いつまでですか?」→〈返信〉「×日です」→〈返信〉「その納期は厳しいです」など、ムダなラリーをすることになってしまいます。

最初から**「〇〇を×日までにできますか?」と明確に相手に指示を出してください。**

次に、意外と抜けていることが多いのが「主語」。

「数字が達成できました」→「何の数字?」

「例の件は難しいと言っています」→「誰が言っている?」

など、主語がないメールは相手に余計な気力・時間を使わせます。一度で内容が伝わるメールを目指しましょう。

最後に、忘れがちなのが「人間味」。絵文字のない文章のやり取りは、どうしても無機質になりがちです。当然ながら、ロボットとメールをしているわけではありません。

用件を伝えるだけでなく、「**ありがとう**」「**助かりました**」「**恐れ入りますが**」など、一言で大丈夫です。必ず、ねぎらいの言葉を添えるようにしましょう。

チェックポイント

☑「メール拝受しました」とまず返信する
☑急ぎの案件は「件名」にその旨を書く
☑本文は余白や箇条書きを使い、見やすくする
☑長い文章になる場合は添付書類を組み合わせる
☑ねぎらいの言葉を入れる

scene 16

エレベーター

損する人は、
いつでも
「開けるボタン」の
係をする

得する人は、
自分の降りぎわに
「閉じるボタン」を押す

乗るときだけが気づかいではありません

先に乗るのか、あとに乗るのか。はたまたどこに立つのが正解なのか。エレベーターは閉鎖空間ということもあり、緊張する人も多いかと思います。一般的に、エレベーターでは目上の人を優先し、率先して「開けるボタン」の係になるのが正解と言われています。もちろん決して間違いではないのですが、その一つ覚えだけでは、うわべだけの損する気づかいになります。

たとえば、狭いエレベーターならボタンにこだわらず奥にさっと入るほうがよいですし、すでに他の誰かがボタン係をしていたら、自分で押すのではなく「○階を押していただけますか？」と声をかけ、押してもらったら「ありがとうございます」と言うことも大切な気づかい。

ちょっとした親切さや機転、オープンマインドが試される場なのです。

そんなエレベーターでの作法。本書で推奨するのは、「降りる際」の気づかいです。

といってもやることは単純で、**自分が降りる際に「閉じるボタン」を押すだけ**。

閉まる時間を、1秒でも短縮しようという気づかいです。

それで何かが圧倒的に変わるわけではありませんが、効率主義の社会ではそうした心がけが、さまざまなアクションに結びついてきます。特にオフィスやマンションなどで試していただきたいアクションです。

乗り降りの際に軽く「会釈」するだけで居心地のいい空間に変わる

さて、そんなエレベーターですが、難しいのが閉鎖空間でのコミュニケーションです。

オフィスで社内の人と、マンションで住人の人と乗り合わせたとき、気まずい空気がありますが、得する気づかいとしておすすめしたいのは、「会釈」です。

・「自分が乗る際に開けるボタンを押してくれている人に会釈する」
・「顔見知りに会った際に、話しかけるのではなく会釈する」

・「降りる際に開けるボタンを押してくれた人に『ありがとうございます』とお礼を添えつつ、会釈する」

と、これだけでかまいません。

控えめに素早くするのではなく、**堂々とちゃんと会釈する**のがポイントです。

不思議なもので、緊張感に包まれた空間もその会釈一つでパッと空気が変わります。

上司に遭遇したときは「会話の糸口」を探すより、「この前してもらったお礼」を言う

好きな人と二人きりならドキドキしてうれしいものですが、上司やお客様など、なるべくなら二人きりになりたくない人と同じエレベーターに乗り合わせるときがあるものです。

何か話さないといけないと思いながらも、会話の糸口が見つからない。結局、沈黙のまま……これほど気まずいことはありませんね。

そこで、「顔見知りと二人きり」になった場合の会話について見てみましょう。

そもそも、エレベーターでの時間はせいぜい10数秒〜1分程度。一言ふた言のやり取りで終わる、というのが前提です。込み入った話ではなく、きっかけの話題とあいづちがあれば成立します。だいたい、次の4つの切り口があれば十分でしょう。

① お礼

「昨日はごちそうさまでした」「先日の○○、とても助かりました」など、この前してもらったお礼は最適の話題です。

② 雰囲気

「お忙しそうですね」「相変わらずお元気そうですね」など、相手の雰囲気を口に出すのも有効な手段。「お疲れですね」なんて一見ネガティブな言葉も使えるきっかけです。

③ 時事ネタ

「○○のニュース、見ましたか？」「火曜のドラマ、おもしろいですよね」など、話題の時事ネタも会話を始めるきっかけになります。

④ 天気、季節

何もネタが思い浮かばないときには、「いい天気ですね」「昼から雨が降るそうですよ」「寒くなりましたね」など、天気や季節の話でＯＫ。沈黙より無難な選択です。

話すことで重たい空気を変え、清々しい気持ちになることが目的ですので、深く考えずに話してみましょう。ちなみにここで紹介したテクニックは、男性の場合、トイレで居合わせたときも同様です。

チェックポイント

- ☑ 自分が降りる際に「閉じるボタン」を押す
- ☑ 乗り降りの際に軽く会釈する
- ☑ 上司と二人きりになったら「この前してもらったお礼」を言う

scene 17

お礼の連絡

損する人は、
誰に送っても通じる定型文メールを送る

得する人は、
「相手の言葉から得た気づき」を入れてメールする

誰でも送れる定型文ほど「なえる」ものはない

「お礼メールって難しい……」友だちへのお礼なら簡単に言えるのに、ビジネスなどのオフィシャルなお礼になると急に悩む人が多いようです。

「食事をごちそうになった」「お中元・お歳暮をいただいた」「面接やプレゼンの機会をもらった」など、お礼を言う場面はこと欠きません。

ここでは、そんなお礼の仕方について考えていきましょう。

たとえば、目上の方と食事をする機会に恵まれた。

そんなとき、どこに注意すると得する気づかいができるでしょうか？

まず、言わずもがななのが「スピード」。信頼感はスピードに直結しますから、お礼を言うなら早ければ早いほどいい、と心に留めておいてください。

できればその日のうちに。最低でも次の日の朝にはメールをしましょう。仕事に関係する飲み会や接待だった場合には、「朝一」で、出社と同時にメールが鉄則です。

また、メールの内容も気づかいが見え隠れする重要な要素。

下のような「定型文の極み」のようなメールが送られてきたら、どうでしょうか。

これではお礼を言われたほうが残念な気持ちになってしまいます。

定型文を使ってはいけないというのではありません。

ただ、せっかく送るのであれば、一工夫を。

たった「一言」でいいので、オリジナリティを加えるとお礼メールの威力が変わってきます。

ここでは、その3つのコツをお

○○様

大変お世話になっております。

昨晩はありがとうございました。大変勉強になりました。

今後ともどうぞ、よろしくお願い申し上げます。

昨晩は楽しい時間をありがとうございました。またぜひお願いします！

教えましょう。

「気づき」を加えるとお礼メールは見違える

コツその① その人の話で、どのエピソードが勉強になったか

一つ目は、基礎中の基礎。具体的なエピソードを入れることです。「貴重なお話を伺うことができ、とても勉強になりました」と抽象的に書くのではなく、「食事はサラダから先に食べるほうがダイエットに効果的」「就業時間の30分前に出社すると上司から好印象を持たれる」など、相手が話したことを具体的に書き、「勉強になりました」と伝えると効果的です。

コツその② 相手の話から、どんな行動に結びつけたか

自分の発言を聞いて実際に行動してくれる人がいたら、誰でもうれしくなるものです。「話を聞いてためになった」ではなく、「その結果、何をしたのか」という報告ができたら素晴らしいお礼メールになります。

たとえば自分を刺激する言葉の重要性を教えてもらった場合は、「私も座右の銘がほしくなり、『座右の銘〜意義ある人生のために』という本を購入しました！」などと書くイメージです。

コツその③　相手の同行者について言及する

これはシチュエーションが限られますが、たとえば相手が部下や友人を連れてきていた、という場合。「佐藤さんは本当に聞き上手ですね。あの物腰のやわらかさは見習わねばと思いました！」など、同行者について言及するのも手です。同行者が、相手にとって重要な人であればなおさら効果的になります。

もらいものをしたら、「いただいたお菓子の写真をＳＮＳで投稿」する

「プレゼントをいただいた」「誕生パーティーを開いてもらった」「先輩が食事をごちそうしてくれた」などをＳＮＳで投稿するのも一つのお礼の形です。

「ありがとうございます」と直接言われるのもうれしいですが、さらに「素敵なお菓子をいただきました」などとＳＮＳで投稿されていたら喜びはさらに増します。

ただし、ＳＮＳの投稿は「リア充」な感じが出すぎると「嫌味な投稿」と第三者に思われ、損することも。そこで、ＳＮＳ投稿の３つの注意点をお話しいたします。

嫌味な投稿にならないために①　人は映さない

たとえばお菓子をいただいたことを投稿する場合、「お菓子をいただきました」とキメ顔で品物を持って自撮りをしたり、イケメンやキレイな人と一緒に喜んでいる写真を投稿

するのは、「何だかムカつく」と誤解される原因になります。物を紹介する場合には、人を排除し、物だけの写真を投稿するほうが無難です。

嫌味な投稿にならないために② 特定の人に向けた投稿にしない

「誕生パーティーを開いてくれました。○○ちゃん、ありがとう！」などと、その本人だけに伝えればよいことを、わざわざSNSで投稿するのはやめましょう。「人脈自慢」に見えてしまうことがあります。自分の気持ちが盛り上がってウキウキしているときにやりがちな投稿ですので、「うれしいときこそ投稿は冷静に」を心がけてください。

嫌味な投稿にならないために③ いい物アピールをしない

「あの○○のお菓子をいただきました」「△△（高級店）でごちそうになりました」など、わざわざ話題の品や店であることを書くのは自慢ととられる原因となります。

何かを誰かにしてもらったというだけで十分うらやましい行為なので、それ以上盛るのはやりすぎです。

SNSで投稿し、お礼の気持ちを間接的に伝えるのはとても有効です。しかし盛りすぎた投稿は第三者から恨みを買う場合があります。SNSの長所と短所を理解し、うまくコントロールするのが今どきの作法です。

たまのお礼状は「Hallmark（ホールマーク）のはがきに季節の切手を貼って」送る

あなたはお礼に「手書きのお礼状」を送ったことはありますか？

メール1本で何でも要件が済ませられる現代社会ですが、お世話になった方やお祝いごとのお礼など、よりきちんとしたいなと思われたら、ぜひ手書きをおすすめします。

とはいえ、手書きは取っかかりが難しいもの。どんなはがきが適しているのか、意外と悩みがちなポイントです。

そこでおすすめは、「**Hallmark（ホールマーク）のはがき**」です。

世界100ヶ国以上、100年にわたりグリーティングカードをつくってきた会社の製品ですので、間違いありません。

そして切手（はがきは1通62円）は、できればコンビニで売っている普通の切手（ソメイヨシノの柄）ではなく、郵便局などで販売されている「**グリーティング切手**」がおすすめです。

春なら桜、秋なら紅葉など春夏秋冬の季節に合わせた絵柄がそろっており、そのひと手間で気づかいのレベルがグッと上がります。

なお、はがきを書くときのペンですが、理

Hallmarkのはがきとグリーティング切手

想は万年筆。

ただし、万年筆は使い慣れていないとうまく書けません。

代用品としておすすめしたいのは、**パイロット社の「Vコーン」**という商品です。

１００円前後で買えるのに、書き味は抜群。水性ボールペンのため、万年筆のような字体で書くことができます（個人的には、より目立つ青色をおすすめします）。

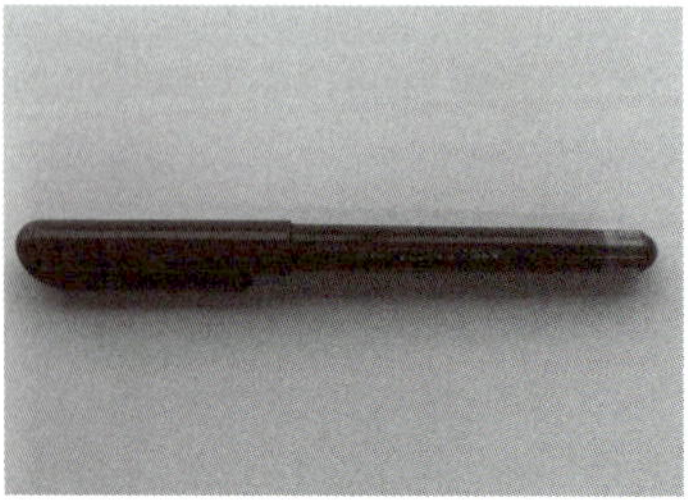

パイロット社の「Vコーン」

チェックポイント

- ☑ お礼メールに「気づきの一言」を添える
- ☑ もらいものをしたらＳＮＳで写真を投稿する
- ☑ ＳＮＳの投稿では盛りすぎに注意する
- ☑ 「Hallmarkのはがき」「季節のグリーティング切手」「Vコーンの青色ペン」でお礼状を出す

Column 3

得する気づかいコラム 3

アナログには、人を動かす力がある

最近は、デジタル化が進んで手書きの年賀状を書く機会は減っていますよね。私も年賀状はもういいのかな？　と思っていましたが、その認識を改めてくれた人がいました。

その人は「カンヌライオンズ・アドフェスト」など世界的権威の広告賞を毎年のように総なめするCMクリエイターNさん。

彼がすごいのは、圧倒的に優れたクリエイティブセンスがあるだけでなく、新しいクライアントを獲得するために自ら努力を惜しまないことです。

いくらクリエイティブセンスがあっても、その表現を受け入れてくれるクライアントがいなければ仕事になりません。

そのことを強く認識しているからこそ、彼は「自分が仕事をしたい企業」を調べ上げ、その担当営業や関係者に自分を使ってほしいとアピールしているのです。

その手段の一つが、年賀状。毎年ユニークなオリジナル年賀状をつくり、「今年は〇〇の仕事をご一緒したいです」と手書きでコメントした年賀状を送ってくるのです。

世界的クリエイターから、手書きのオリジナル年賀状、しかも一緒に仕事がしたいと書かれている……。

彼が毎年、広告賞にエントリーできるのは、他人と逆の道を行くアナログな手法が人を動かす気づかいだと知っているからだと私は感じています。

scene 18

社内の立ち回り

損する人は、遠慮して「報連相」が足りていない
得する人は、「報連相」のうち特に「連絡」の入れ方がうまい

君はさ、もうちょっとホウレンソウを…
うわ～、オレ野菜苦手なんすよ！部長好きなんすか？

上手な報連相は、「報レンレン相」

ここでは、社内の立ち回りについて考えていきましょう。私たちの多くは、何らかの組織に所属し、人と関わりながら働いています。

どんな組織も結局は人間が営んでいるものですから、評価や人間関係はある程度「立ち回りのうまさ」で決まってしまうのは致し方ないところ。だからこそ、どうせなら得する立ち回りを覚えて仕事をスムーズにしていくことをおすすめします。

まずは、「報告・連絡・相談」、略して報連相。

「社会人の基本」として長年言われてきたことですが、事実、仕事をソツなくこなせる人はこの報連相の気づかいが抜群にうまいものです。

報告・・・上司などから受けた指示（仕事）に対しての結果を伝える
連絡・・・仕事に関わる情報の共有、途中経過
相談・・・判断に迷うことが発生したとき

この報連相の気のきかせどころを、まずは見ていきましょう。工夫のポイントは、ぜんぶで3つになります。

報連相の工夫①　手元が止まっているときに話しかける

まずは、声をかけるタイミング。ベストなのは相手の手元が動いていないときです。手元が落ち着いているときに「報告があります」と切り出すのが正解です。

報連相の工夫②　「結論から言いますと」から始める

続いては説明の仕方。スマートに手短に伝えます。この際は、「結論から言いますと」から始めて、「何の話か」をわかるように伝えましょう。

報連相の工夫③　連絡はこまめに

最後のポイントですが、気づかい下手と気づかい上手の差は、「連絡のマメさ」です。

基本的に上司は、「**自分勝手に決めず、わずかなことでも連絡してほしい**」と思っています。取引先も、同様です。

多くの人は、この連絡がなおざりで結果だけをいきなり報告するので、「あれ、聞いてないよ」「どうして先に言わなかったんだ」などとなってしまうのです。

これくらいいいか、ではなく、連絡はマメに（報連相ではなく、**報レンレン相**）。これを心がけましょう。

根回しのポイントは「定期的に話しかける」ではなく、「定期的にランチ」

続いての立ち回りが、「根回し」。根回しとは、ある仕事を進めたいとき、あらかじめ関係者と話をつけておいて、スムーズに仕事をしようというものです。

人間には「メンツ」というものがあります。

上司を差し置いてスタンドプレーをしていると、「聞いてないよ！」「何で勝手にそんなことするの！」と言われるようになり、信用を失ってしまいます。すると、やりたいこともできなくなってしまうのです。

そうならないよう、根回しは働く人の必須科目と割り切って考えてみてください。

とはいえ、難しいことは何もないのです。**根回しのもっとも効率的な方法は、「定期的にランチに誘う」ことです。**

根回しというと、どこかの会議室で二人きりでこそこそ話すというイメージがありますが、「ランチミーティング」くらいの感覚でよいのです。

その場で、「今度、〇〇したいと考えているのですが……」と切り出してください。

重要なのは、相手は詳しい説明を聞きたいわけではない、ということです。「**自分は『事前に』説明を受ける重要人物である」という認識を持ってもらえたら成功です。**

組織ではさまざまな方針が会議で決まりますが、そのほとんどは事前の根回しで決まっています。

根回しというと、「いやらしい」「せこい」というイメージがあるかもしれませんが、結局は、互いが働きやすく、人間関係をよくするというだけのことなのです。少しコミュニケーションの量を増やすだけで仕事はやりやすく、職場の環境はいいものになります。

マイナスの報告をするときは、対策を固めてからではなく「とにかく早く」

「想定外のトラブルがあり、納期が遅れる」「持ち出し禁止のパソコンを社外で紛失してしまった」など、突発的な事故や想定外のトラブルが起きることがあります。

最後に、悪いことが起きた場合の立ち回りをご紹介しましょう。

そもそも、悪いことが起きたときに大事なのは何でしょうか？

それは、やはりスピード。

問題が起きた！　とわかった瞬間に1秒でも早く報告をしましょう。**対策を固めてから話にいこうという人は、損してしまう人です。**

「どう対応すべきか」を考えるのは上司の仕事であり、組織とはそのためにあるのです。

だらだらと言い訳・対策を考えるのではなく、まずは報告！　これが得する立ち回りです。

では、その際はどう報告すればよいのでしょうか？　ポイントは3つです。

正しい報告の仕方① まず、結論から話す

報連相の項でもお話ししたように、上司が聞きたいのは結論です。悪い報告のときはどうしても言い訳をしたくなりますが、その気持ちをグッと押さえて、現状、何が起こっているのかの結論から話してください。

正しい報告の仕方② 推測ではなく、事実を伝える

「おそらく○○と思います」「××かもしれません」などと、推測による報告はＮＧ。「○○です」「××になります」と事実を報告し、上司と一緒に対策を練る姿勢が大切です。

また「この程度なら報告しなくてよい」と勝手に判断せず、ささいなことでも報告しましょう。

正しい報告の仕方③　自分の意見を言う

推測はダメですが、一方で自分の意見は必要です。「君はどうすべきと思う?」と聞かれた際に、「短期的には○○、長期的には××」というように2つの視点でどうすべきかを答えるのがベストの回答です。

リスクマネジメントが叫ばれる時代、上司や会社はマイナスを隠さない人を歓迎します。大きな火事になる前に自分から報告するスタンスが、会社を救うことにつながるのです。

チェックポイント

☑ 報レンレン相というように連絡は2回する
☑ 相手の手元を見てから話しかける
☑ 根回しは定期的にランチで行う
☑ マイナスの報告は1秒でも早く行う

scene 19

頼み方

損する人は、「お手すきの際に」とお願いする

得する人は、「○時までに」と期限を区切ってお願いする

部長！　今夜は観たいドラマがあって帰りたいので手伝ってください！
…それは、早く帰らないといけないね…

期限を明確にしないと、相手も優先順位を決められない

書類のチェックやアポの返事、はたまたイベントの誘いなど、社会生活では誰かにお願いしたい状況が出てきます。このお願いにも上手い人と下手な人がいますよね。

ここでは、得するお願いの仕方について考えてみましょう。まずは基本的なお願いの仕方のルール、2つです。

お願いのルール① 期限はハッキリと

まず、基本のき。何かをお願いするとき、相手に遠慮してついつい「お手すきの際にお願いいたします」などと言ってしまいがちですが、「何をいつまでに」はハッキリと伝えねばなりません。

「今すぐ」「○時までに」「金曜の午前中までに」など、相手もその期限によって優先順位

を変えるからです。変な遠慮は損する気づかいです。

お願いのコツ② 頼んだ理由を一言添える

お願いごととは、こちらから相手の時間をもらうことですから、相手が「喜んで！」と言いたくなるような気づかいをぜひしましょう。

大事なのは、「なぜ頼んだのか」という理由を一言でも添えることです。

「○○してほしい」では高圧的に感じますが、「あなたは頼りになるから○○してほしい」と言われるとやってやろうと思うものですよね。

「あなたは運転がうまいから」
「あなたはエクセルに詳しいから」
「あなたは物知りだから」

……などなど、たとえ「またそんな調子のいいこと言って」と思われたとしても、「あなたが頼り」と伝えるだけで、悪い気はしないものです。

声をかける際は「ちょっとだけ」ではなく「10分だけ」と時間を明確にする

なお、日常の中のお願いでよくあるのが、「相談」や「報告」で「ちょっとだけいいですか?」というもの。

これも、相手に遠慮して「ちょっとだけ」と言いたくなるのですが、「10分だけ」など と時間を明確にして話をしていいか確認するようにしましょう。

その際は、**「可能であれば」「急で申し訳ないですが」など、クッション言葉を添えながらややわらかいものにしてください。**

また、「10分だけ」と言いながら15分以上かけてはいけません。

「あの人はいつも10分と言いながら長いんだよな……」といったことになりますから、時間の設定は実際よりも気持ち多めにしましょう。

もしも時間が過ぎたときには**「10分経ちましたが、まだ大丈夫ですか?」**と聞いて相手の時間を気づかってください。

なお、お願いの際に意識してほしいのは、「話しかける向き」です。

お願いごとをするときは、「横から」話しかけてみてください。

正面から目と目を見てお願いすると、相手は命令されたと感じるのですが、横から話しかけられると、なぜか親密な雰囲気になります。

正面はビジネススペース、横はプライベートスペース。これをおさえておいて、大事なときにはスッとお願いできる人になりましょう。

横から話しかけると、お願いを聞いてもらいやすい

込み入った説明は、「お願いごとをまとめた紙を見せながら」説明する

ちょっとしたお願いならば口頭で簡単にで済みますが、たとえば「プレゼンの企画書づくりを依頼する」「新人に商談をまかせる」「小学生におつかいを頼む」などなど、複雑で込み入った頼みごと・その人が経験したことのないレベルの高いことを頼む場合は、「**詳細を書いたレジュメ**」「**参考になるネットのページ**」「**参考書籍**」など、視覚化して説明するのが鉄則です。

美容院で髪を切る際に、口で説明するよりも髪型の写真を見せたほうがひと目でイメージが伝わりますよね。それと同じことです。

プレゼンの企画書づくりであれば、「企画書のサイズは何か?」「縦書きや横書きのどちらか?」「いつまでに何セット用意すればよいのか?」など、自分の要望を具体的に書き、相手の動きを指定します。

また、「両面印刷でプリントアウトする（長辺とじか、短辺とじか）」「お弁当を頼む際

は、アレルギーがないかを最初に確認する」などの注意事項があれば、その旨もきちんと書きましょう。

「これくらいわかるだろう」という勝手な期待はお願いごとに禁物なのです。

チェックポイント

- ☑「〇時までに」と期限を区切る
- ☑要望をきちんと口に出す
- ☑「10分だけ」と時間を明確にする
- ☑お願いをするときは「横から」話しかける
- ☑込み入ったお願いごとは紙にまとめる

scene 20

説明の仕方

損する人は、「事前に準備したこと」をすべて話す

得する人は、「もっとも伝えたいこと」にポイントを絞って話す

自分の話したいことと、相手が知りたいことは必ずしも同じではない

クライアントへのプレゼンや社内会議での提案。はたまた友だちに昨日あった出来事を披露するときなど、「説明」する場面は日常にたくさんあります。

こんなとき、あなたはどこに気をつけていますか？

「一から十までわかってほしい！」という人は要注意。**人は、それほど他人の話を聞く態勢を持っていないのです。**自分が思っているほど、相手はこちらの話に関心がありません。

話をするときは、このことを前提にしましょう。

つまり、すべてを説明しようとせず、「もっとも伝えたいこと」にポイントを絞って話をするのが得するやり方です。「これが伝わればいい」という要点を決めておき、それほど必要ない話は、どんどん省いていきます。

では、そんな前提をもとに上手な説明のコツを紹介していきましょう。

話に関心を向けてもらう3つの方法

まずは、基本編を見ていきましょう。大きく3つあります。

話を聞いてもらうコツ① 何の話をするのか先に結論を

まずは、王道の「結論」「話のテーマ」を先に伝えることです。
「結論は○○です。なぜならば……」「昨日××のニュースがあったんだけど、これがおもしろくて。というのはね……」というように、結論や話のテーマを最初に伝え、「心構え」をしてもらいます。

何の話をされるかわかると、聞き手は安心できるのです。

プレゼンのように少し込みいった話をする場合には、「**これから3つのことをお話しします**」「**大切なポイントは2つです**」など、要点をまとめるのも効果的。

こうして話題を宣言することで、話している自分も脇道にそれず、要点のまとまった話がしやすくなります。

話を聞いてもらうコツ②　メリットや意外な事実で興味を引く

続いて大事なのが、相手の興味を引きつけること。そもそも相手はこちらに興味がないのですから、興味を持ってもらうための情報をお伝えしましょう。

「3ヶ月で5キロやせられた方法があって……」「この本、ビル・ゲイツが愛読している」と言われていて……」など、メリットを提示したり、「えっ、そうなの!?」という意外な事実を伝えます。映画や商品のキャッチコピーをつくるような気持ちで臨んでみると楽しいと思います。

話を聞いてもらうコツ③　間《ま》、声の大きさでメリハリをつける

話すリズムも大切で、抑揚やメリハリのない話は眠たくなってしまいます。

特に緊張すると早口になりがちなので、間を意識しましょう。具体的には「。（**句点**）」

ごとにひと呼吸置くようなイメージで、急ぎすぎないようにします。

加えて、キーワードなど重要なポイントを話すときには声を大きめにして話す、注意をひきつけたいときは「ここだけの話なんですけど……」とあえて小さめの声で話すなど、音にもメリハリを意識してみましょう。


以上の3つが、基本的なポイントとなります。

……ですが、緊張していると、ついつい話があさっての方向に飛んでしまうこともありますよね。上手に話すには、それなりの経験値も必要です。

そこで、4つ目の秘策として、

④ 何だかんだ、最後にまとめておけば何とかなる

ということも覚えておきましょう。「いろいろ話をしてきましたが、まとめると○○となります」など、最後に要点を伝えて話を終えるのです。

こうすると、聞き手の記憶に確実に残りますし、それまで話を聞いていなかった人でも

「ここだけ聞いておくか」と思ってもらえます。

話に説得力を生むのは、フェアさと具体性

今お伝えしたことに加えて、説明に「説得力」を増す伝え方ができると、100点満点です。説得力を増すには、どうすればよいでしょうか?

それは、「**よい点も悪い点も話す**」ということ。いいこと・自分に都合のいいことだけをアピールするのではなく、「ただしこのプランには、残念ながら××というデメリットもあります」と、懸念点もきちんと伝えます。

「そんなデメリットがありますが、私はそれでも、こちらをおすすめしたいです。その理由は……」と、自分自身の考えにつないでいくと、真摯さや熱意が伝わるでしょう。

また、もう一つ大事なのは「**具体例を交えて話す**」ということ。

たとえば、「お金は大切です」と伝えたいとき、「財布をなくしたとき、初めてお金がないことの不安に気づきますよね」など、共感を生むフレーズを使ってみます。共感とは、

「つかみ」です。共感がとれると、話に一気に入り込んでもらうことができます。

共感は、エピソードだけでなく、「数字」でとることもできます。「たくさんの企業が導入しています」ではなく、「4社に1社の割合で導入されています」と伝えるほうがイメージは湧きやすいですよね。

社内のプレゼンや男性向けの営業では、数字やメリットを重視。日常の雑談や、女性と話す際には、具体例をうまく使って共感を重視。という使い分けをしていくのもよいでしょう。

チェックポイント

- ☑ポイントを絞って話す
- ☑最悪、最後にまとめれば何とかなる
- ☑いいことも悪いことも伝える
- ☑「いい点」と「悪い点」を話す
- ☑具体例で話す

scene 21

断り方

損する人は、「お酒が飲めないので」と断る

得する人は、「ウーロン茶でも酔えるんです」と断る

気分を害する断り方の3要素

「角を立てずにイヤと言いたい」「あとで気まずくなりませんように……」

人に誘われたり、何かをすすめられたりしたとき、気をつかうのが断り方。

その言い方次第で、受け手の印象がまったく違ったものになってしまいます。まず前提として、「気分を害する断り方」とはどんなものでしょうか。それは、

・「断ることを悪いと思っていない（ように見える言動）」
・「どうしたいのかをハッキリ言ってくれない（断るなら断ってほしい）」
・「断る理由が納得できない」

といったこと。これらに該当するような断り方をしてしまうと、いくら気をつかったとしても「損」をしてしまいます。

では、得する断り方とはどんなものなのでしょうか？

基本は、「心苦しい思い」「できない理由」「代替案」をセットに

そもそも、断り方でなぜ気をつかうのかといえば、断り方のフォーマットを知らないからです。そこで、断り方の基本フォーマットを紹介しましょう。

1　「残念ですが」「あいにくですが」など心苦しい思いを伝える
2　次に、「別の予定がありまして」などできない理由を述べる
3　最後は「またの機会があれば必ず伺いたいです」と代替案を提示する。もしくは、「気にかけてくださってありがとうございます」など、感謝を述べる

この3ステップをベースにしましょう。ただし3つ目の「代替案」は、場合によりけり。**今後も行く気がない、付き合う気がない人であれば、ここは「感謝」だけを述べてあとぐされがないようにするのが吉です。**「今回は残念ですが、声をかけてもらってうれし

かったです」「いつも気にしていただいてありがとうございます」など、一言あるだけで印象が変わってきます。

この際、断りにくいからと言って「考えておきます」などとあいまいに答えるのはやめてください。相手に余計な期待を持たせたり、時間が経つほどこちらも断りにくくなります。ダメ・行きたくないなら「すぐに」「ハッキリと」断るのが相手にも自分にも誠実な対応です。

「忙しいので無理です」ではなく、「1時間後ならできます」

基本は、以上に述べたこと。しかしながら、気づかいのうまさが出るのは、断る際のちょっとした表現（言い方）ですよね。

ここでは、シーン別の言い方を紹介しましょう。

職場や家庭にて

×「忙しいから無理」　↓　○「1時間後ならできる」

×「参加できません」　↓　○「頭の30分だけでもいいですか？」

妥協案が示せるのであれば、それがベスト。自分の都合を突きつけるだけでなく、歩み寄る姿勢を見せましょう。

飲み会など遊びの誘い

×「明日、早いんで」「お金がないので」

↓　○「体調が優れなくて」「親が地元から来ていまして」

明日が早いなどは、「それはこっちも同じだ」など、カチンとくる人もいます。相手が無理強いできない断り方をしましょう。

異性からの誘い

×「行けません」　↓　○「友だちも誘っていいですか？」

「行けません」と断るのは角が立つ。とはいえ、やんわり断ると何度もスケジュールを聞かれて困るという人におすすめなのが、「友だちなど第三者を入れる」方法です。「友だちと一緒なら」と言い、二人では行かないことを宣言しましょう。

金銭関係

×「お金は貸せない」↓○「むしろ貸してください」

お金を貸すのは相手のためにならず、またトラブルの原因になります。きっぱりと断れない場合は、逆に「貸してくれ」と、相手から引いてもらいましょう。

チェックポイント

☑「心苦しい思い」「できない理由」「代替案」の3ステップで返す
☑「1時間後ならできます」と言う
☑「友だちも誘っていいですか?」と聞く
☑「むしろお金を貸してください」と言う

scene 22

お詫び

損する人は、
メールor電話で
謝る

得する人は、
すぐに出向き、
相手の最寄り駅から
電話する

お詫びの大原則は、100の言葉よりも一つの行動

できれば遭遇したくないものですが、人生には謝らないといけない場面があります。

このときの謝り方次第で、かえって味方をつくることになることもあれば、逆もまたしかり。正しい謝り方を知っているかどうかで、あなたの人生は大きく変わります。

まず、お詫びの大原則。それは、「スピード」×「行動力」＝「信頼感」です。

たとえば仕事で大きなミスをしてしまったというとき。メールや電話で謝りたくなってしまうかもしれませんが、ここは**「相手のもとに出向く」のがベストです。**

たとえアポが取れなくても、どんなに遠くでも出向きます。そして相手の最寄り駅で、「今、近くまで来ているのですが」と電話するようにしてください。

この「スピード」×「行動力」が、お詫びの正解なのです（プライベートのトラブルでも、まったく同じです）。これをマックスの誠意として考えておくと、いざというときに頭を悩ませる必要はありません。

お詫びでしてはいけないこと、すべきこと

では、実際にお詫びをする際にはどのような言動をとるとよいのでしょうか？　ぜんぶで5つのステップで見ていきましょう。

①　着席を促されるまでは立ったままで

相手の会社などに伺った際、当事者に促されるまでは座ってはいけません。できれば荷物も手に持ったまま、相手を待ちましょう。

②　第一声は「申し訳ございません」

相手がやってきたら、「このたびは申し訳ございませんでした」の第一声から。

真剣に謝る場では「すみません」ではなく、これ以上弁解の余地がないという意味の「申し訳ございません」がふさわしい言葉です。

ただし、クレームの場合は別。こちらから謝るとまずいこともありますので、それはのちほどお伝えします。

③ いきなり言い訳しない

当然ですが、こちらが謝るのですから相手の言葉をさえぎったり、一方的に都合を伝えてはいけません。

いかに事情や正当性があったとしても、まずは相手の言い分を聞きます。

当事者に促されるまでは立ったままで（荷物も持ったまま）

④ 勝手にメモを取らない

話の中でメモを取りたくなる場面があるかもしれません。その場合は、「メモを控えてもよろしいでしょうか?」と許可をとりましょう。

⑤ 解決策は3つ用意する

解決策が必要な場合は、1つではなく複数用意するようにしましょう。そして、相手に決めてもらうのが正解です。

クレームでは状況確認に集中する

さて、今のが謝罪の基本のステップ。ただし例外なのが「クレーム対応」の場合です。

こちらにまったく非がない場合もありますので、クレームでは「状況確認に集中する」ようにしましょう。

まずは、「座ってもらう」「お茶を飲んでもらう」ことで興奮を冷まします。「悲しい気持ちにさせてしまい」など、相手の気持ちに寄り添った言葉をかけましょう。そして、「早急に原因を調べます」と、原因がわからない段階では言及を避けます。

また、金銭面の話し合いも必要になってきそうだ、という場合。こちらも個人の都合で動くのではなく、組織としての見解がとても重要です。

「まずは上司に報告する」→個人で勝手に処理せず、組織の方針を確認する。
「お金の話をしない」→謝罪の場でお金の話をするのは不作法。補償の話は後日に。
「身分が上の人とお詫びに行く」→組織としてきちんと対応するという姿勢を表現。

という順序で動くことが鉄則です。

気まずくても、自分から「おはようございます」と声をかける

最後に、トラブル後の対応についても見ていきましょう。

もめたあとだと何となく気まずい思いをしてしまいますが、ここにも「得する」アクションと、損するアクションがあるのです。一気に見ていきましょう。

×「怒らせた相手とはなるべく会わないようにする」

↓

○「**自分から『おはようございます』と声をかける**」

謝罪の翌日は、怒ったほうも怒られたほうも気まずいものです。だからこそ自分からあいさつを仕かけて気持ちをほぐすのが、気まずい雰囲気を長引かせないためのコツです。

×「トラブル処理を完全に解決してから報告する」

↓

〇「トラブル処理を『途中と完了後の2回に分けて』報告する」

上司など誰かの指示にもとづいてトラブル処理する際はこまめに報告し、相手を安心させないと損します。報告の遅さは、追加事故や二次クレームの原因になるのです。

×「トラブルを忘れる」

↓

〇「トラブルを覚えておき『先日は失礼しました』と言う」

お詫びした後日の対応で相手の印象が180度変わります。次に会った際はトラブルを覚えておき、「先日は失礼しました」「この前はご迷惑をおかけしました」などと、もう一度お詫びの気持ちを伝えてください。相手はその後の対応まで見ています。

×「ごめんなさい」で終わる

↓

〇「ごめんなさい」のあとに「～してくれてありがとう」と言う

相手が自分のためにしてくれた行動に感謝しましょう。「アドバイスをくれて」「心配してくれて」「待っててくれて」などに「ありがとう」を足して言えば、「ちゃんと私のことを見てくれている」と感じ、相手も悪い気はしないものです。

トラブルをチャンスに変える人は、相手の気持ちに寄り添うことを意識しています。「なぜ相手は怒ったのか」をあらためて考えてみてください。このなぜを突き詰めると、お詫びの気持ちが伝わるばかりか、相手はあなたに親しみを持ってくれるようになります。

チェックポイント

- ☑ お詫びの基本は、「スピード」×「行動力」
- ☑ 言い訳せず、まず相手の話をきちんと聞く
- ☑ まずは上司に報告する
- ☑ 自分から「おはようございます」と声をかける

Column 4

得する気づかいコラム 4

打ち合わせ中スマートに時間を確認する方法

打ち合わせ、プレゼン、デートなど、時間が気になるときがありますよね。

しかし、腕時計やスマホの画面をチラチラと見てばかりいると、「集中してないのでは?」と思われてしまう……その解決策を教えてくれたのが、S 氏でした。

S 氏は「危機管理」を専門とする元大物官僚。彼の講演会を開く仕事をすることになったのですが、S 氏はとても忙しい方。

講演会の事前打ち合わせでは、「10 分しか時間がないですがよいですか?」と、本当に分刻みのスケジュールなのです。

私は「10 分しかない!」と慌てて説明するのですが、S 氏は「まだ 3 分ありますから、そんなに慌てなくて大丈夫ですよ」と。

言われて時間を確認すると、たしかにあと3分あるのです。

しかし、おかしい……。その部屋に壁かけ時計はなく、S 氏は自分の腕時計も携帯電話も確認した様子もありません。

この人はエスパーなのか……?　と、じっくり観察してみるとカラクリがわかりました。

S 氏は、ときおり私の左腕を見て、「私の腕時計」で時間を把握していたのです。相手の腕時計であれば、相手から視線をはずさないため、さりげなく時間を把握することができます。

以来、私もこのテクニックを拝借。非常に便利な技なので、おすすめです。

scene 23

お店選び

損する人は、
「評価」「コスパ」「自分の趣味」を重視

得する人は、
相手が喜んでくれそうな「ストーリー」重視

TPO別、お店選び攻略ガイド

会食、コンパ、デート、接待。「お店選び」は、気づかいにおける重要なポイントです。「口コミ」「コスパ」「趣味」「直感」……さまざまな基準がありますが、どのようにお店を選んでいるでしょうか？

お店選びにおける唯一絶対の正解は何かといえば、……それは、**「相手と場合による」**ということです。

それはそうだと怒られてしまいそうですが、これが実に、大事なことなのです。

「王道」のネットの口コミの点数で喜ぶ人もいれば、コスパを求める人もいれば、気やすい庶民的な店を好む人もいる。

初対面同士の飲み会に適したお店、忘年会に適したお店、場合によっても基準は変わる。

このような点で、お店を考えてみるとうまくいきます。

そこでここでは、「こんなときは、このお店がテッパン！」という基準を見ていきましょう。

①　おもてなしの王道は、食べログ3・9以上が安心

まずは王道。お祝いやおもてなし、特別な会食をする際には、「一人あたりの予算が7500円以上」「食べログのスコアが3・9以上。もしくはミシュラン一つ星以上を獲得しているお店」などのわかりやすい数字を基準にしてみてください。

相当おいしいものを食べ慣れている、という人は別ですが、たいていの人はこの基準でお店を選べば間違いありません。

この基準に加えて、シチュエーションによってお店のジャンルなどを決めていきましょう（口コミサイトの見方については、このあとご紹介します）。

②　初デートでは「半個室」

まず、初デートなど会って間もない間柄で二人きりで初めて食事をするという場合。落ち着くからと「完全個室」は逆に緊張してしまいます。

まずは、隣が見えるくらいの「半個室」が正解でしょう。静かなお店であれば、カウンターも距離が縮まるのでおすすめです。

③ 家族や友人との気やすい会食には、自然光の入る明るい部屋

家族や友人など、気やすい人との会食には、窓が大きく自然光が入る明るい部屋をおすすめします。雰囲気も明るくなり、楽しい会食ができます。

④ 接待など緊張する場面には間接照明ベースのお店

接待・デート・コンパなど、少し緊張する間柄の人と食事をする場合は、間接照明を活かしたやや暗い部屋がおすすめ。お互いの緊張感が隠せ、会話が弾みやすくなります。

⑤ 駅から6分以上歩く店は、「遠いお店」である

駅からの距離は意外と大事なポイント。駅から6分以上の店は「遠いお店」と覚えておきましょう。特に夏場は、「おしゃれをしたのに汗だくに」なんてことにならないように、遠い場合はそこからタクシーを拾うなど、カバーが必要です。

⑥ コスパのいいお店はガヤガヤしやすいので注意

食べログのスコアが3・3～3・8くらいの、予算が手ごろで味がよい。いわゆる「コスパ」系のお店は、お客さんも多くガヤガヤしがち。仲間内でおいしいものを安く食べたい、というときはよいのですが、少しじっくり話がしたいときには向かないので注意してください。

また、席数の少ないお店では他に宴会などが入っていないかを聞くのもチェックポイントです。

⑦ 8人以上の場合は、円卓かU字型テーブルのあるお店

大勢で食事をする際は、円卓やU字の形をしたテーブルの店を選びましょう。全員の顔が均等に見えないと、一人ぼっちが出てしまいます。

また座席も重要で、忘年会や歓迎会など40歳以上の人が参加する会は掘りごたつ式の座敷にして、お酌移動のラクさと腰への負担がない席がベストです。

逆にコンパなどでは、女性が靴やブーツを脱がなくてもよいテーブルタイプの席を選ぶと、ブーイングを回避できます。

⑧ インスタ映えするお店は、インスタを使って探す

何よりも美しい&かわいい見た目を重視！　という人と食事をする際、また女子会のお店などは実際にインスタグラムなどを使って探してみましょう。一般的なグルメ口コミサイトとは違う観点のお店がたくさんあります。

⑨ 接待慣れしている人には、「居心地」「懐かしの味」で勝負

層は限られますが、大きな会社の役員クラスや、毎晩のように接待を受けたりしている人は、肩ひじの張る高級店・品のいい料理にはアキアキしています。実は、「家のような居心地」の居酒屋や焼き鳥屋など、気楽なお店が喜ばれる場合があるのです。

また、「その人の地元の味」も効果てきめん。ローカルな味・素材を提供してくれるお店は、視点の違ったおもてなしとしておもしろいでしょう。

⑩ 平日のランチでは、味よりも「近さ」

ランチミーティングなど、昼の時間を使ってちょっとした話をする場合、味や評判よりも「アクセスのよさ」を選びましょう。相手が行きやすい場所が正解です。「最寄り駅から5分」が目安（ちなみに、コンパなども同様）となります。

⑪ ちょっとお茶をするなら、ホテルのカフェやラウンジ

ちょっとお茶するときは、一般的なチェーン店などではなくホテルのカフェがおすすめ。コーヒーの値段は一般的なカフェと実はそこまで変わらず、高級感と席にゆとりがあり、快適です。

間違いのないグルメサイトの使い方

こうした、行ったことないお店を見つける際に便利なのがグルメサイト。次の3つのポイントをおさえながら見ていくと、悩まず判断できるようになります。

1 口コミ（レビュー）の内容
2 料理の写真

3　内観写真

最初は「口コミ（レビュー）」です。

もっとも参考になるのが口コミですが、**「最近の情報か」「夜（もしくは昼）の評価か」「サクラではないか」**を選別して参考にしましょう。

臨場感あふれる文章で食材のこだわりや接客対応、店の雰囲気などがワッと書かれていたら、関係者の可能性大。そのお店以外にも多数のレビューをしている人の口コミを参考にするのがよいでしょう。

次に「料理の写真」です。

料理の写真を見る際は、料理の写真だけではなく料理まわりの風景にも目を向けてみましょう。たとえば、手やグラス、しょうゆ皿やメニューなど。これを見ると、**料理のだいたいの量**が想像できます。

最後は、「内観写真」です。

部屋の雰囲気はもちろん、**座席間のスペース、個室の雰囲気**などをチェックします。ぜんぶの座席数と比べながら見てみると、より想像しやすくなります。

この3つのポイントをチェックしながら、「誰を誘う会か」「どんな目的か」を考えていくと、判断しやすくなります。

もちろん、**ベストは下見をしておくこと**。ランチなどを利用して実際に足を運んで、必要があればお店の人と打ち合わせをしておくと、大事な食事会がスムーズにいきます。

チェックポイント

☑ ちゃんとしたおもてなしなら食べログ3・9以上の店を選ぶ
☑ 初デートは、半個室かカウンター
☑ 徒歩6分以上は「遠い店」
☑ ランチは味よりも「近さ」を重視する
☑ ちょっとお茶をするなら、チェーン店よりもホテルのカフェやラウンジ
☑ グルメサイトは「口コミの内容」「料理の写真」「内観写真」をチェック

scene 24

飲み会の作法 〜 メニュー選びとお酌について

損する人は、「一番人気はどれですか？」と聞く

得する人は、「おすすめを3つ教えてください」と聞く

「人気の品」より「おすすめの品」がおすすめの理由

「注文はまかせた！　テキトーに頼む！」

適当に。これ以上あいまいで、かつハードルの高いものはありません。

飲み会の注文は、気づかい力が求められる場面。ここで、損しない立ち居振る舞いを覚えておきましょう。

まず、初めてのお店で「何を注文するか迷う」というとき。こういうときは、お店の人への質問がテッパンです。

この際、「一番人気はどれですか？」ではなく、「おすすめを3つ教えてください」と聞きましょう。一番人気は「定番もの」が集中しやすく、もしかするとお店が自信を持っている料理は別にある可能性があります。

そこで、おすすめを聞きます。**「3つ」なのは、お店の人も、こちら側も、選択肢が複数のほうが候補を出しやすい・選びやすいから**です。

メニューは、「野球方式」で決めると迷わない

では、名物料理はおさえたとして、その他の注文をどうするか？　おすすめは、野球の打線を組むようなイメージで注文をする方法です。

たとえば、居酒屋ならばこんな感じ。

1番・・・枝豆／ポテトサラダ／煮込みなどのクイック一品
2番・・・サラダ／フライドポテト／チーズの盛り合わせなどの援護品のつまみ
3番・・・厚焼き玉子／揚げ物類／炒め物などの副菜でメインにつなぐ
4番・・・肉や魚など、その店のスペシャリテ（メイン）

このような感じとなります。お店のおすすめもふまえながら、好き嫌いの少ない定番品と組み合わせていきましょう。

品数については、二人であれば3～4品。三～四人であれば、4品～6品。五～六人な

ら6〜7品。それ以上なら、4品を2つずつ、といった目安になります。

量についてはお店の人に目安を聞きながら、参加者の人に「他に希望はありますか？」「お嫌いではないですか？」と、確認しながらオーダーをしましょう。

簡単！ 取り分け方のルール

料理が届いてからも悩みは続きます。次にぶつかる悩みは「取り分け」ですよね。

大皿で料理が出てくると「若い人や目下の人が取り分けるべき」という無言のプレッシャーがありますが、「自分のペースや好みで食事したい」という人もいるので、とてもやっかいです。そこで最初にすべきなのが「**お取り分けしたいと思いますが、よろしいですか？**」と確認することです。

これによりまず取り分けしてもよいかを正しく把握できます。また合わせて「苦手な食材があれば教えてください」と言えば、取り分けの間違いもなくなります。

そしていよいよ取り分けとなりますが、次の3点に注意すれば問題ありません。

1　箸の持ち手をひっくり返して取り分けない（お店の人に取り分け用の箸をもらうのがスマートなマナー）
2　小皿の上の量・色などのバランスを整えて盛る（イメージとしては大皿の状態のバランス感をそのまま小皿で再現する感じです）
3　大皿に4分の1の量の料理を残す（食べたい人がおかわりできるようにしておく）

以上のイメージで行えば失敗することはありません。

また、どうしても取り分けがめんどうくさいし難しいという人は、お店の方に事前に「小皿に盛って出してほしい」とお願いしておくのもうまい手です。特に中華料理などは融通を聞いてくれやすいので便利です。

お酌の「3」ルール

続いて、厄介なのがお酌のルール。うまいタイミングでさっと注いで、いいリズムをつくりたいものですね。

お酌のマジックワードは、「3」。**飲み物がグラスの3分の1まで減ったときがお酌のタイミングです**。ここで、おかわりを注ぎましょう。

瓶ビールなら、右手を瓶の底、左手を首元に添え、ラベルが上になるようにお酌するのがマナー。日本酒の場合は、お銚子の中央を右手で持ち、左手を添えながら杯の8割まで注ぎます。なお、お銚子の首を持つのはマナー違反です。

ワインボトルも、高級レストランであれば給仕の人についでもらいますが、そうでない場合は、グラスの3分の1くらいを目安に注ぎましょう。

ボトルの底のくぼみを持って注ぐのがマナーですが、慣れていなければ無理は禁物です。

なお、お酌につきものなのが「いつま

でお酌すればいいの？」問題。

本書では、自動的にお酌する最適な回数は「3回まで」をおすすめします。

3回ほどついだそのあとからは、「お注ぎしましょうか？」と一言聞くのがちょうどいい気づかいのさじ加減です。ここで「自分のペースでやるからいいですよ」と言われたら、お酌はストップしましょう。

「焼酎の水割り」の正しいつくり方

ある程度の年齢の方になると焼酎を飲む方が増えます。

最後に、この焼酎の割り方について考えましょう。用意するのは「グラス・マドラー・氷・焼酎・水」の5つです。これらを次のステップで使っていきます。

① グラスの8分目あたりまで氷を入れる（氷は思い切って多めに入れるのが正解）

② 焼酎をグラスに注ぐ

③ マドラーでまずは焼酎だけをよくかき混ぜ、氷になじませる
④ お水を注ぎ、再度3回ほどかき混ぜる

以上のダンドリで完成となります。

なお焼酎には薄め・普通・濃いめがありますが、**一般的に割り方の黄金比は、焼酎6対水4**と言われていますので、これを目安に焼酎や水の量を調整すればよいでしょう。

また「**お湯割り**」**の場合は水割りの逆の手順となります。**

つまり先にお湯を入れ、そのあとにゆっくりと焼酎を注ぎます。

これはお湯のあとに比重の重い焼酎をあとから加えることで、お湯が浮上し、

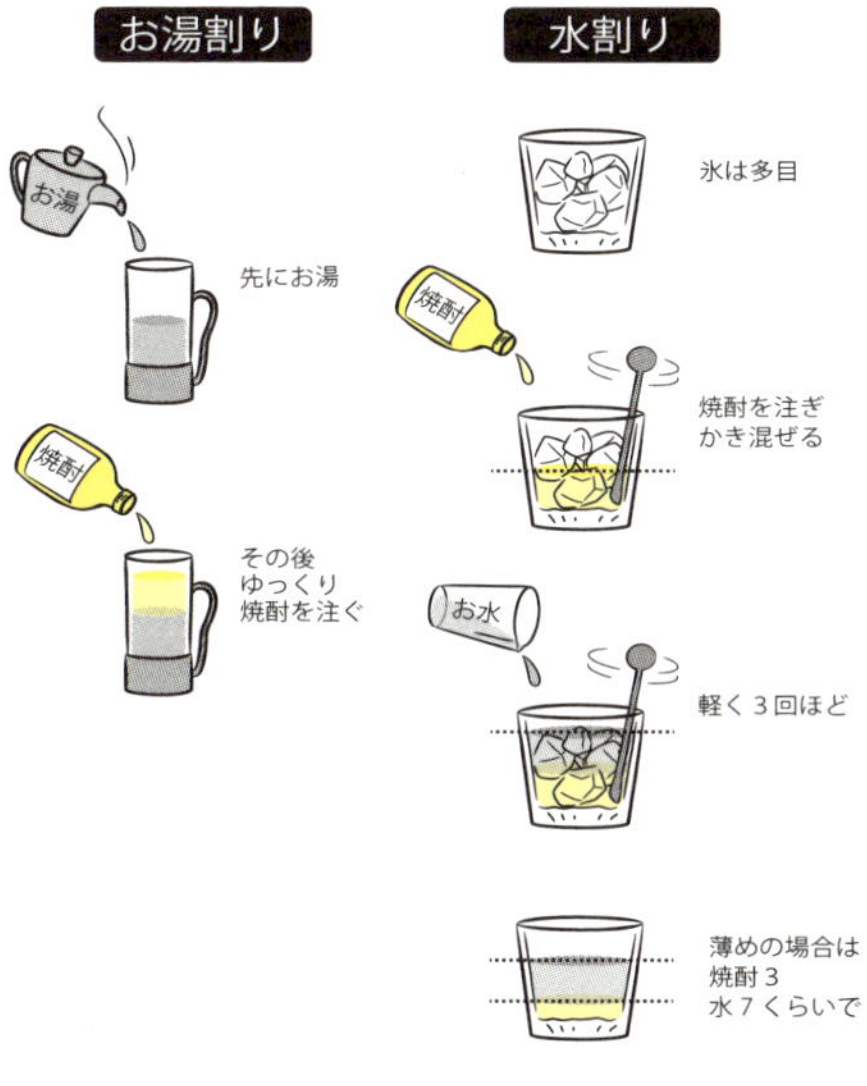

まんべんなく混ざる対流の仕組みを利用するためです。

割る飲み物の順番で味が変わってきてしまいますので、**「水割りは焼酎が先」「お湯割りはお湯が先」**と覚えましょう。迷ったら「対流」を思い出してくださいね。

チェックポイント

☑「一番人気」ではなく「おすすめの品」を注文する

☑野球方式で注文する

☑大皿の状態のバランスを意識して料理を取り分ける

☑お酌を「3」ルールで行う

☑焼酎は、水割りなら「焼酎」が先。お湯割りなら「お湯」が先と覚えておく

scene 25

おもてなし・接待

損する人は、身内と相談してプランを作成

得する人は、相手の秘書や部下と相談してプランを作成

店をどこにすべきか街で３００人に聞いてきました！
さすがの行動力だね…

相手が大物になるほど、その周囲の人の情報は重要になる

「世界から接待と忘年会がなくなればいいのに」

20代のころ、私は本気でそう思っていました。

でも現実は厳しいもので、大口顧客への接待はもちろん、忘年会や新年会など、絶対に失敗できないおもてなしシーンがビジネスには何度かやってきます。

そんなとき、大事なのは何でしょうか?

それは、「相手の情報を集めた上で、戦いにのぞむ」ということです。

この際やりがちなのが「身内であれこれ相談する」という方法ですが、これはおすすめできません。なぜなら、いざというときの会では「勝手な妄想」が命取りになるからです。

絶対にハズせないおもてなしや接待では、キーマン以上に相手のことを知っている**秘書や部下に、好みやNG項目を確認するのが正解**です。

このとき聞くべきポイントがぜんぶで6つありますので、1つずつ見ていきましょう。

確認事項その①「好きなもの・嫌いなもの」

「好きなものは何ですか？」と聞くだけでは不十分です。**「好きな食べ物と好きな飲み物、また好きなお菓子を教えてください」**と具体的に3つ質問してください。

嫌いなものに関しても同様です。具体的に「苦手な食材やアレルギー、あるいは最近控えている食べ物はありますか？」と3つ聞いてください。具体な質問でお出しすべき食べ物を検討するのが正解です。

確認事項その②「直近3日間の食事内容」

好物を確認したからといって安心してはいけません。大物クラスになると、「毎晩会食」という人も多いものです。焼肉や中華が何日も続いたらさすがにつらいですよね。おもてなしの当日に直近3日間の食事内容を確認し、かぶりを防ぎましょう。

確認事項その③「最近はまっていること」

おもてなしの成功のカギは雑談にあります。そこで、「相手が最近はまっていること」を確認しておきましょう。事前に相手が興味を持っていることがわかれば、盛り上がるネタをいろいろと調べることができます。

確認事項その④「ふれてはいけないNG項目」

ふれてはいけないNG項目だけは、周辺の人に聞かない限りわかりません。必ず**「避けたほうがいい話題はありますか？」**と聞いてください。

社内の風通しのよさが売りの会社でも、「社員の内紛が起こっており、今だけはチームワークの話はNG」などがあるものです。

マイナス要素はこちらが聞かないと教えてくれませんので、必ず質問しましょう。

確認事項その⑤「当日と翌日の予定」

当日と翌日の動きも確認するようにしましょう。

ひょっとしたら「当日の朝まで地方にいて、ギリギリの時間に戻ってくる」、あるいは「会食の翌朝はゴルフで早起きする」などがわかるかもしれません。

そんなときは迎えに行ったり、早く会を切り上げたほうが喜ばれますよね。自分のプランに固執するより、相手の予定に寄り添い、変更するほうが重要です。

確認事項その⑥「二次会参加の傾向」

ビジネス会食では二次会にお誘いするのが大人の礼儀です。ただし、行くとなってから店探しをしているようではおもてなし失格。

二次会に行く傾向はあるのか？　行くならどんな店（バー、カラオケ、クラブなど）を好むのか？　またお気に入りの店はあるのかを確認しておきましょう。行く可能性が一番高いお店に予約を入れておくのが、正解です。

このようなポイントをおさえておくと、まず大失敗は防ぐことができます。

秘書や部下、あるいは家族は力強い味方になってくれる存在です。「このように考えているのですがいかがでしょうか？」とアドバイスを求める気持ちで相談してみてください。

失敗しないお店の選び方

・玄関はもちろん、店の周囲20メートルの清掃まできちんとしてある
・水がおいしい、ビールがおいしい　※サーバーなどの清掃が行き届いている
・トイレの清掃が行き届いている
・店員さんの指や腕に装飾品がない（男性従業員はひげを生やしていない）
・店員さんが私語を話さず、きびきびと動いている（あいさつもさわやか）
・箸（ナイフ・フォーク）をきき腕のほうに配置してくれる
・オーダーを取る際、アレルギーがないかなどを事前に聞いてくれる
・オーダーを一度で正確に聞き取る（オーダーを聞き返さない）

接待の場では、「人数」だけでなく「肩書き」を合わせること

おもてなしの場では、「バランス」が重要となります。

たとえば、相手が社長であればこちらも社長。部長であればこちらも部長というように、**接待する側は同格もしくはそれ以上の人が相手をする**ようにしてください。

また、相手が二人なのにこちらが五人いるなんていうのは、まるで尋問。基本的に同じ人数になるように調整しないと失礼にあたります。

そして、もう一つが「年代と性別」です。相手が30代にもかかわらずこちらが50代ばかりでは、話題などの観点でバランスが合いにくくなります。同様に、相手が女性中心なのにこちらは男性ばかりなど、性別のバランスも考慮すべきポイントです。

このような点をふまえてセッティングすると、間違いが起きづらくなります。

なお、次ページに実際の接待でのふるまいのポイントをまとめてみました。いざというときは、こちらをチェックしながらのぞんでみてください。

〈**接待、当日の作法**〉

・三人にヒヤリングして「清潔感がある」と言われた服を着る
・靴を磨く。眼鏡をかけている人は面会の前に眼鏡をまるごと洗い、汚れを落とす
・事前に素うどんを食べ、小腹を満たしておく（ウコンを飲むも可）
・約束の15分前に店に集合する（10分前に店の前に移動し、お出迎えの準備をする）
・店員さんには丁寧に。「お願いします」「ありがとうございます」を欠かさない
・たとえお酒が苦手でも1杯目は口をつける
・仕事の話は早々に切り上げ、雑談に終始。相手が好きな話題をふる
・きちんと相手の目を見て話を聞き、自分が思うより1・2倍大きくうなずく
・ビール瓶のラベルは相手に見えるように置く
・グラスが空にならないように全体の飲むペースを確認し、補充する
・お酒が進んでいない人には「お飲み物を変えましょうか？」と聞く
・重要な仕事の話が出たら、暗記し、トイレでメモをする
・伝票がテーブルに置かれたら、さりげなく自分の手元に引き寄せる
・料理が出尽くし、相手のお酒のペースが落ちたら帰りの車の手配をする

・トイレに行った際に支払いを済ませる
・現金で支払う際は新札を用意しておく（万が一、見られた場合の保険）
・テーブル中央につまようじを移動させ、ゲストが取りやすいようにする
・おみやげをすぐに渡せるように裏で準備し、店を出る直前に渡す
・タクシーの運転手にタクシーチケットを渡す
・二次会がカラオケの場合は1曲目を相手にすすめる（ゆずられたら素直に引き受ける）
・お礼のメールを翌朝送る

チェックポイント

☑相手の秘書や部下に、好みやNG項目を確認する
☑「人数」と「肩書き」を合わせる
☑「年代」と「性別」を合わせる
☑二次会のお店もおさえておく

scene 26

手みやげの選び方

損する人は、
会社や自宅の近所・地元で
有名なお菓子をチョイス

得する人は、
「宮内庁御用達」など
一発でわかる品を
用意する

一瞬で「ありがたみ」が伝わるおみやげは強い

よく遭遇するだけに、悩みどころが多いのが「ちょっとした手みやげ」。「できれば気のきいた品を選びたい」「センスがよい人と思われたい」のですが、さじ加減が難しいものですね。ベーシックなパターンとしては、会社や自宅の近所・地元で有名なお菓子。

それが決して悪い……というわけではないのですが、せっかく同じ手間やお金をかけるのであれば、より効果的で、人に喜んでもらえる手みやげを贈る方法があります。

それが、**「ペラペラ説明しなくてもひと目でありがたみが伝わる手みやげ」**です。

例を出すと、**「宮内庁御用達の品」**。

「近所で評判のおまんじゅう」よりも、「宮内庁御用達のおまんじゅう」と言われたほうが、ありがたみがありますよね。宮内庁御用達の品は意外とたくさんあって、「宮内庁御用達　お菓子　○○県」と検索してみるとたくさん出てきます。値段も普通の手みやげと大差ありませんので、使わない手はありません。

なお、政治的な信条などで宮内庁はちょっと……という場合は、相手が尊敬する文化人やスポーツ選手、あるいは好きな芸能人の御用達の品でもＯＫです。このような権威のある品は一瞬でありがたみが伝わります。

子ども時代を思い出すような「懐かしさ」をそそる品はハズさない

もちろん、手みやげの選び方は他にもさまざまな視点があります。ここでは、相手によって使い分けができるおみやげの選び方を見ていきましょう。

①「子どものころの味」はテッパン

まずおすすめしたいのが「懐かしい味」。子どものころに食べた味はそれだけで魅力があります。その土地のご当地お菓子、たとえば鹿児島県出身の人には「かるかん饅頭《まんじゅう》」、愛知県出身の人には「しるこサンド」など、地元で愛されているお菓子。他にも、人がたくさん集まる場所に駄菓子の詰め合わせを持っていくとことのほか盛り上がったりします。

② 相手の近況に合わせると気づかい力アップ

相手の近況やマイブームに関連づけた品も非常におすすめです。たとえばダイエット中で脂質を控えている、という人には珍しいフルーツや野菜。茶道を習い始めた、という人がいたら手ぬぐいなど、ちょっとした機転がきいた手みやげは喜んでもらえます。

③ SNS映えをねらった、かわいい形やパッケージ

「見栄えのよさ」も、現代社会では大事なポイント。「アンダーズ東京のエクレア」や「フィーカのハッロングロットル」など、「箱がかわいい」「お菓子がカラフル」などの品も使えます。

④　ここぞのときは、やはり限定もの！

勝負の手みやげをしかけたい、というときにはやはり限定品はハズせません。「○個限定」「先着○名のみ」「今度で最後」など、限定された品物を選んでみましょう。「吉祥寺の小ざさの羊羹《ようかん》」「仙台のさいちのおはぎ」など、並ばないと買えない希少なものはそれだけで価値が宿ります。

お見舞いの品に花や果物はもう古い

最後に、やや特殊なケースを挙げながら、適切な手みやげを見ていきましょう。

①　イベントの手みやげには個包装のお菓子

創立記念のパーティーや株主総会の準備、あるいはピアノやバレエの発表会などのイベントでは、片手で簡単につまめる個包装のお菓子がおすすめです。「麻布十番のたぬき煎餅」や「コロンバンのクールセック」。また塩分補給できる「梅干し」なども喜ばれます。

② 謝罪の手みやげは、とらやの羊羹がビジネスマナー

謝罪の際は、「奇抜なことをしない」のが鉄則。東京なら伊勢丹、名古屋なら高島屋、大阪なら阪急など、紙袋を見ただけできちんとしたところで買ったとわかる**百貨店へ行き、「のし紙なし」で「とらやの羊羹」**を買ってください。これはもはやビジネスマナーの一つといってもいいでしょう。

③ お見舞いの手みやげには、肩のこらない本

最後に、お見舞いの手みやげです。「花やフルーツ」というのは、もはや一昔前の常識。生花は衛生上持ち込めない、果物は意外と食べきれない、といった事情があるのでおすす

めできません。石鹸素材でつくられた香りつきの「**ソープフラワー**」、「**フルーツゼリー**」や「**100%ジュース**」などがよいでしょう。

また骨折による入院など、体力的に問題のない人へは「本」が喜ばれます。マンガやエッセイ、人気の小説など「肩がこらない内容の本」を持っていきましょう。

なお病室は狭いため、読み終えた本があった際は「この本、持って帰ろうか」と相手に言い、不要な本を持ち帰ると喜んでもらえます。

実用的なところでは、「汗ふきシート」なども喜ばれる品の一つです。

チェックポイント

☑ 宮内庁御用達など、一発で権威の伝わる品を選ぶ
☑ 子どものころの味（駄菓子）を持っていく
☑ インスタ映えを意識して品物を選ぶ
☑ 謝罪には、「とらやの羊羹」一択
☑ お見舞いには、花や果物より肩のこらない本や汗ふきシート

scene 27

おごる・おごってもらう

損する人は、「支払いの押し問答」でまごつく
得する人は、「次は私が」と素直に甘える

素直に受け入れて次につなげるのが得する人

「私が払います」「いや私が」「そう言わずに本当に私が……」「いやいや……」

伝票を片手に誰が払うかという「支払いの押し問答」をした経験がないでしょうか。

遠慮してしまう気持ちもわかりますが、支払いでまごつくのはあまりスマートではありません。

ここでは、いいおごられ方、そしておごり方について見ていきましょう。

まずはおごられ方。**「今日はおごるよ」と言われても、いったんは自分の財布を取り出し、「でも」と言ってください。**

そこで「本当にいいから」と言われたとき、素直にごちそうになりましょう。「ごちそうになります。ありがとうございます！　次はぜひ私が」とできるとスマートです。

なお、おごられたときは、**「レジ前・店の出口・翌朝（もしくはその日の夜のうち）」と3回お礼を言うタイミングがある、**と考えてください。

特に、翌朝のメールでのお礼は必須。ここに、得する人と損する人の差が出ます。

貸し借りをつくらないため、あえて「全額おごり」ではなく「1000円」もらう

続いて、おごり方。おごり方にも「粋」なルールがあります。

デートや接待などで明らかに自分が払うと決めている場合は、**伝票が机に置かれた瞬間に、その伝票を自分の手元に引き寄せてください。**これにより明確に「自分が支払う」とアピールでき、また相手もおごられる気持ちの準備ができます。

なお伝票が置かれた瞬間、あるいは相手がトイレなどに立ったすきに「これでお願いします」とカードを利用するのもスマートな方法。少額が予想されるときは、現金1万円を渡すのもアリです。

会計の際は相手が遠慮しないように**「楽しかったお礼だから」「自分の店に付き合って**

もらったから」などと、おごる理由を伝えます。

あるいは、「後輩ができたときにおごってあげて」「今度ごちそうしてくれればいいから」などと言ってみましょう。

中には「貸し借りをつくりたくない」「おごられるとかえって気をつかうのでイヤ」という人もいます。

そんな人が相手なら、「ちょっとだけ払ってもらう」という方法を使ってみましょう。全額すべて自分のおごりではなく、1000円だけもらうようにするなど、少額もらうのはよい方法です。

チェックポイント

- ☑「次は私が」と素直に甘える
- ☑「レジ前・店の出口・翌朝」の3つのタイミングでお礼を言う
- ☑全額おごりではなく、1000円だけもらう

得する気づかいコラム 5

人におすすめするときには、固有名詞をきちんと使う

好きな映画や本、お店などを人に紹介したいときに大事なことは何か？

出版業界で活躍する敏腕編集者Tさんは、こう教えてくれました。

いわく、「活きる(使える)情報とは、固有名詞である」とのこと。たとえばランチでおいしい魚を食べたとします。ふつうなら、「あのお店は魚がおいしい」と紹介しますよね。

しかし、Tさんは異なります。

「魚の名前は何なのか？」「どんな調理をしているのか？」「お店の名前は？　つづりは？」など、情報をより具体的に、固有名詞に落とし込んでいくのです。

そして、「『洋食フロマージュ』の魚フライランチがおいしくてさ～」と、伝えます。

なぜそのようにしているのか聞くと、「固有名詞は情報の最小単位であり、これをもとに話せばお互いムダな時間が省けるから」とのこと。

たしかに「あのお店の魚ランチはおいしいよ」では、あいまいな部分が多くて100％魅力が伝わらない可能性があります。

「情報を伝えるときは、固有名詞にこだわる」。ぜひ、覚えておくとよいでしょう。

scene 28

冠婚葬祭

損する人は、出たとこ勝負でミス

得する人は、事前の予習で失礼を回避

冠婚葬祭は大人力が試される

冠婚葬祭は、大人として「知らない」では済まされないマナー。なのですが、「あれっ？　ご祝儀っていくら包めばいいんだっけ？」なんて急に慌てたり、悩むことが多々あるものですよね。

結婚式や葬儀などの冠婚葬祭には、いつもと違う気づかいの罠が潜んでいます。

まずは基本的なところから見ていきましょう。

まずは、結婚式の基本

事前：招待状が届いたら1週間以内に返信しましょう。出欠席の連絡をメールや口頭で伝えるのはマナー違反です。

ご祝儀：披露宴に参加する場合は3万円が基本です。2万円は「二つに割れる」、4万円は「死」を、9万円は「苦」を連想させるためNGとされています。またすべて新札で用意し、「ふくさ」に入れて持っていくのが礼儀です。

続いて、葬式の基本

服装：通夜は勤務先などから駆けつける場合があるため、華美でない服であれば喪服に着替える必要はありません。ただし、葬儀は男性はネクタイと靴下を黒にし、ブラックかダーク系のスーツを着ます。女性も黒のスーツやワンピースを身に着けます。なお香水はお香をさえぎるためNGです。数珠とハンカチ（白か黒）も忘れずに。

香典：友人・知人の場合は3000円か5000円。親戚は1万円。親兄弟は3万ないしは5万円が相場です。また新札ではないお札で用意し、「ふくさ」に入れて持っていくのが礼儀です。なお表書きは「御霊前」と書けば、どの宗教にも対応できます。

焼香の仕方：宗派により異なりますので、まわりの人の動きと合わせるのが無難です。

結婚式と葬式の両方に共通する予習としては、「**親族の家族構成や名前を覚えなおす**」ということがあります。向こうは「久しぶり。大きくなったね」なんて声をかけてくれたのに、誰だかわからずあいまいに返事をするなんていうのは気まずいものです。

ぜひこちらから「○○おじさん、ご無沙汰しております」「××ちゃんは確か小学5年生ですよね」と言えるように事前準備しておきましょう。

冠婚葬祭の気づかいは特殊です。行き当たりばったりではなく、きちんと前日に予習するのが、恥をかかない近道です。

「お心遣いありがとうございます」ではなく、「お心遣い恐れ入ります」

基本の流れを押さえた次は、冠婚葬祭ならではの言葉づかいを押さえていきましょう。

ちょっとした言い間違いで、常識のない人と思われてしまいますので注意が必要です。

結婚式で注意したい言葉

×人生のスタートラインを切る　↓　○**人生のスタートラインに立つ**

お祝い事の際には使ってはいけない「忌み言葉」というものがあります。別れを連想させる「別れる・切れる・離れる」、不幸を感じさせる「死ぬ・負ける・嫌う」、繰り返しを連想させる「戻る・繰り返す・再び」などがその代表例です。

×きっとかわいい（カッコいい）お子さんが生まれるんでしょうね

↓　○**かわいい奥さん（旦那さん）ですね**

価値観が多様化している現代だからこそ、余計な詮索《せんさく》や踏み込みすぎた発言は控え、目に見える現実だけをほめましょう。

葬式で注意したい言葉

×重ね重ね残念です　↓　○誠に残念です

葬式では「重ね言葉」に気をつけましょう。「重ね重ね・返す返す・次々」や「続いて・重ねて・再三」など、悪いことが続くイメージにつながる言葉は使わないようにしてください。

×お心遣い「ありがとうございます」　↓　○お心遣い「恐れ入ります」

「ご愁傷さまです」と言われた際に、思わず「お心遣いありがとうございます」と言いそうになりますが、正しくは「お心遣い恐れ入ります」となります。

ありがとうは感謝の返礼として使いますが、わざわざ葬儀の場で使う必要はありません。重ね言葉同様、違う言い方で返礼しましょう。

「そんなつもりじゃなかった」と後悔しても後戻りはできません。人生で何度もない冠婚葬祭だからこそ、正しい言葉づかいを事前に覚えておきたいものです。

その場でお悔やみメールを送るだけでなく「3回忌」に花を送れる人に

最後に、葬式での気づかいについて紹介しましょう。葬式では、「故人に具体と行動で寄り添う」のが根底の考え方となります。

単に葬儀に参列し「ご愁傷さまです」と言うのではなく、かかわりのある人だったのであれば、「亡くなったお父様は○○なことがあり、××な人でしたね」と声をかけるのも一つの気づかいです。

またお悔やみをメールしたり、弔電を送ったりする人もいますが、遅れてもいいので葬儀に参加する。**参加するなら途中で退席せず、最後まで見送る**のが大人としての心の寄せ方です。

死は人生で一度しか起こりえません。

葬式を特に重要視したことで有名な元首相の田中角栄も「苦境、悲しみのさなかにあるとき、力になってやるべき」と言っているように、どれだけ忙しくても、人としてきちんとしている人は、関係者のお葬式には顔を出しているものです。

なお、一段と気づかいのできる人は、その場だけでなく、故人の1周忌や3回忌などに花を送っています。

冠婚葬祭は、気づかいを通してその人の人間性であったり、大人としての良識を見られる場でもあります。ぜひ気持ちを、形にして表現できるようになりましょう。

チェックポイント

- ☑ ご祝儀（香典）はふくさに入れて持っていく
- ☑ 親族の家族構成や名前を覚えなおす
- ☑ 冠婚葬祭ならではの言葉づかいをおさえる
- ☑ 1周忌や3回忌のタイミングに花を送る

scene 29

お金のやりとり

損する人は、借りたお金を「現金で」返す

得する人は、借りたお金を「封筒に入れて」返す

部長！昨日はありがとうございました！
まさか硬貨で返ってくるとはね…

お金における「丁寧さ」と「品位」は封筒1枚でつくられる

「ちょっとしたお札をお渡しする」「立て替えてもらったチケット代を支払う」など、直接お金をやり取りする場面があるものです。

そんなとき、あなたはどうしていますか？

このときの得する気づかいとしては**「白無地の封筒を使う」**こと。

銀行のＡＴＭにある袋では生々しく、茶封筒では何となくイメージがよくありませんので、白無地がおすすめ（１００円ショップなどに売っています）です。

この際、より丁寧な印象を与えるには、

・付箋やメモなどで、一言「ありがとうございました」とメッセージを添える
・お札の「顔の面」を、封筒の表側にする
・金額を確認してもらう、あるいは、封筒の裏面に「〇〇代金××円」と書いておく

といったことに注意するとよいでしょう。

どうしても封筒の用意がなければ、「**裸ですみません**」と一言伝えることをお忘れなく。いざというときのために、**封筒をカバンに忍ばせておくと便利です。**

お金はとても大切なものですから、その扱いには、自分の品だったりマナーが見えてしまうものです。

会費をやむを得ず借りたときは「次回」ではなく「その場でＡＴＭを探して」返す

前述がちょっとしたお金のやり取りの基本になりますが、「持ち合わせが足りなくて飲み代の会費を借りた」といったとき。

この場合は、大事なのは形よりもスピードです。

なるべく次回に持ち越さず、「その場でＡＴＭを探して」すぐに返しましょう。

ちょっとした貸し借りこそ、返金スピードを意識することで「お金にきれいな人」だという印象を持たれます。

近くにATMがない、タイミング的に難しいという場合には、「明日お返しします」など、「いつ返すか」宣言してください。

なお、**5万円や10万円など、まとまった金額をやむを得ず借りた場合には、若干上乗せして返金するのがマナーです。**

……が、お金で上乗せすると「気持ちが金額化されて生々しい感じがしてイヤだ」という方もいるかと思います。

そんな場合には「ランチや夕飯をごちそうする」「相手が好きなお菓子を持っていく」なんていうのもありでしょう。

すべての返金シチュエーションに共通しますが、お金を返す際は「相手を呼びつけず、自分から出向く」のが基本です。また、お金のやり取りは、必ず両手で行うようにしましょう。

目上の人にタクシー代をいただいたら、次会ったとき「お釣りと領収書」を返す

最後に、会社の飲み会で目上の人から「遅くなったからこれで帰りなさい」と1万円をいただいたとき、どうすればよいでしょうか。

仮に、かかったタクシー代が3000円だった場合。

この際は、**「お釣りと領収書」を封筒に入れて、翌日渡しましょう。**

何も言われなかったからと言って、お釣りを懐に入れるのはマナー違反。

ビジネスシーンではタクシー代は経費で落ちることも多いため、「楽しい時間をありがとうございました」と、お釣りと領収書をお渡ししないと、常識知らずの無礼者と思われます。

また、「お釣りはいいから好きにしなさい」と、太っ腹な方もいるかもしれません。が、この場合も、「次の飲み会で少し多く払う」「ランチに一緒に行ったときに払う」など、やはり形で返すのが望ましいやり方です。

なお最後に、自分が「お金を貸す場合」にはどうしたらよいでしょうか。

よく言われることですが、人にお金を貸す場合は「あげるつもり」が基本です。返してくれることを期待すると、余計なストレスを抱えることになります。

金銭の貸し借りは人間関係のトラブルの元。大切だと思う人であればあるほど、そもそもお金は貸さないことがベストです（私の経験上、「あげる」と言ってもほとんどの人は返してくれますが……期待はしないほうがよいでしょう）。

チェックポイント

- ☑ 借りたお金は「封筒」に入れて返す
- ☑ その場でATMを探して返す
- ☑ 目上の人にタクシー代を出してもらったら、お釣りと領収書を返す
- ☑ やむを得ずお金を貸す場合は、あげる

scene 30

プレゼントの選び方

損する人は、「センス」で勝負する

得する人は、「定番に＋α」でハズさない

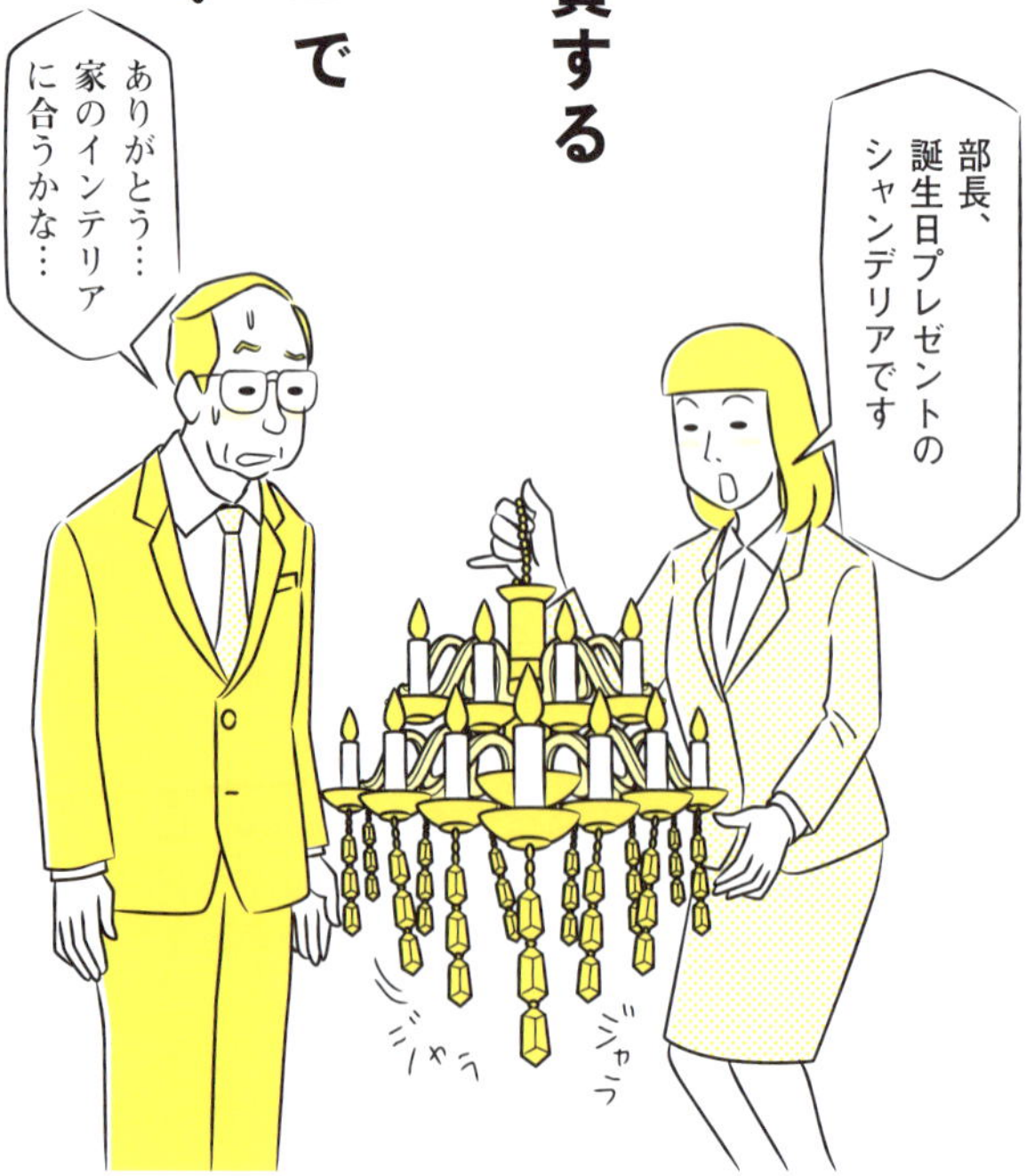

「センス」では通じないことがある

家族や恋人の誕生日、友人の結婚祝いや仕事仲間の出産祝いなど、プレゼントの品で悩むことは多いと思います。

「これがほしい」と言ってくれればラクなのですが、「気持ちだけで十分です」とか「気をつかわないでいいですよ」なんて、なかなか「これがほしい」とは言ってくれません。

そんなとき、あなたは何を基準にしてプレゼントを選んでいますか？

「お店に行って、あとはセンスで選ぶ」

……のでもよいのですが、自分のセンスまかせで購入したものは相手にとって必要でないことが多々あります。

もらったほうも、あげたほうも損する……そんなことは避けたいですよね。

プレゼントは、自分の趣味ではなく**「定番」をおさえた上で、「ちょっと一工夫」を加える**のがハズさないための考え方の基本です。

まずはハズさない方法を知り、そこからオリジナリティーを加えていくのがプレゼント上手になる方法です。
それぞれシチュエーション別に見ていきましょう。

結婚祝いには「商品券」より「北欧風の木製キッチンセット」

まずは、結婚祝い。
定番品が多く、それゆえに人との「かぶり」もちょっと気になるところ。かといって商品券や現金では生々しさがあります。
そこで**「自分では買わないけど、もらったらうれしいもの」**という視点でプレゼントを選んでみましょう。
たとえば結婚祝いに**「温かみを感じる北欧風の木製キッチンセット」「ル・クルーゼのハート型ホーロー鍋」「コーヒーメーカー」**などはひと味違った趣向になります。

ただしナイフやハサミ（切るを連想）、灰皿やライター（燃える）、お茶（弔事に使うので）などは結婚祝いではNGとされているので避けてください。

また贈る時期としては、挙式の1ヶ月前から1週間前がよいとされています。間違っても挙式当日や二次会会場で渡さないように（相手の荷物の負担にならないように）しましょう。

次は「出産祝い」です。

赤ちゃんというとおもちゃやかわいいグッズをあげたくなりますが、これらは本人たちが生まれる前に用意していることもあり、重複してしまうことが多々あります。

そこで、**「産まれてみたら意外と足りなくなるもの」**をお祝いの品として足してあげましょう。

定番ですが、**「スタイ（よだれかけ）」**や**「バスタオル」**は1日に何枚も使うので間違いのない品です。また**「80cm以上のベビー服」**も生後半年くらいから着れるので、のちのち喜ばれます。

出産祝いは退院から1週間から1ヶ月後の赤ちゃんとの生活に慣れた時期に渡すのがベストです。

お中元・お歳暮の正解は

贈る習慣が少なくなってきたとは言え、仕事絡みでやり取りの多いお中元やお歳暮はどうでしょうか。

お中元とお歳暮は、日ごろの感謝の気持ちを伝える行事であり、時期としては**お中元が7月初めから中旬まで、お歳暮が12月初めから中旬までに贈るのが一般的**です。

ポイントは、「個人相手」と会社などの「法人相手」で選び方が変わることです。

個人宛ての場合は食べ物や生活用品を

まず個人の場合は、お酒の趣向や食べ物の好みなどを考えて、食べ物や生活用品を贈るのがよいでしょう。ビールや産地直送の生鮮食品、洗剤なども人気です。

相手が喪中だと贈ったらまずいかも……と思いきや、お中元・お歳暮は感謝の気持ちを贈る行事のため問題ありません。

法人宛ての場合は職場で分け合える品物を

会社などに贈る場合は、職場のメンバー全員で分け合える物を送るのが正解です。定番の品は100%果汁飲料やビール、コーヒーなどです。なお、相手が公務員や政治家の場合は、公務員倫理規定や公職選挙法に抵触する可能性があるので贈らないほうが無難でしょう。

もしも、知人がお店を開いたら

なお、最後にかなりレアケースですが、友人・知人、取引先がお店を開くという場合。おすすめは、

「現金・商品券」・・・取引先であれば3万円、プライベートな友人なら1万円が妥当

「胡蝶蘭や観葉植物」・・・ただし置くスペースがあるかは要確認
「実用的な品（電化製品など）」・・・掃除機やシュレッダーなどの実用的な電化製品、インテリア系の時計など（ただし、相手にヒアリングをした上で）

といったところです。
なお開店祝いには「赤字」や「火事」を連想させる品はタブーですので気をつけてください。具体的には灰皿やライター、赤一色のデザインの品がNGとなります。

チェックポイント

☑センスまかせではなく、まずは定番をおさえる
☑結婚祝いには「北欧風の木製キッチンセット」を贈る
☑出産祝いには「スタイ」を贈る
☑お店のオープン祝いには「電化製品」を贈る
☑お中元・お歳暮には「職場で分け合えるもの」を贈る

TPO別 贈り物の例

結婚祝い

予算	3000〜5000円	5000円〜1万円	1万円以上
品名	アカシア食器セット スプーン＆フォーク付	ネスカフェ ドルチェグスト ジェニオ2 プレミアム ワインレッド	Le Creuset ルクルーゼ ハート型キャセロール

出産祝い

予算	3000円台	5000円台	1万円台
品名	＜1秒タオル＞ モコベビー	MARLMARL（マールマール）〝まあるい〟スタイシリーズ	miki HOUSEの80cm以上のベビー服

お中元・お歳暮（相手が個人の場合）

予算	3000円台	5000円台	1万円台
品名	スターバックス オリガミ ドリップコーヒーギフト	銀座千疋屋季節のフルーツ詰め合わせ	神々の林檎（皇室献上品の最高級りんごジュース）

お中元・お歳暮（相手が法人の場合）

予算	3000円台	5000円台（ビールの場合）	5000円台（ジュースの場合）
品名	カゴメ野菜生活100 国産プレミアム	「馨和 KAGUA」とFar Yeast アソート6本セット	10FACTORY こだわりみかんジュース4種飲み比べセット

お店のオープン祝い

予算	1万円	2万円台	3万円台
品名	全国共通百貨店商品券（1000円券×10枚）	胡蝶蘭	ダイソン掃除機 コードレス

scene 31

サプライズの仕方

損する人は、
大げさなサプライズを
考える

得する人は、
さりげないサプライズで
期待を裏切る

サプライズを起こす4つの基本型

「お世話になった人に」「友だちにちょっとお礼をあげたくて」など、ただの贈り物ではなく、特別な瞬間に特別なサプライズを起こしたい。そんなときがあるかもしれません。

少し前で言えば、突然まわりの人たちが踊りだしたりする「フラッシュモブ」などがありました。このような定番をマネする……というのも悪くはないのですが、「ただ流行に乗っただけ」という感じでイヤがる人もいます。

第一、「大げさなこと」がサプライズというわけではありません。サプライズというのは、大げさなことをしなくても十分なのです。

ここでは、サプライズを起こすための型をお教えしましょう。大きく4つの「型」があり、これらを組み合わせていくことで、サプライズは起こしやすくなります。

型その① 「足し算スタイル」

まずは、足し算。プレゼントを1つではなく、3つ用意する。演出を2つではなく5つにするなど、数で勝負するというパターンです。

型その② 「分かち合いスタイル」

続いて、分かち合い。人は喜びを分かち合いたいものです。誕生日ケーキを食べるなら一人より大勢のほうがおいしいように、一人でもうれしいけど、みんなと分け合えばもっと楽しく、うれしくなります。そこで、「他の人（家族や友人など）を巻き込めないか」「知らない人と共有できないか」といった観点で考えてみる形です。

型その③ 「ハンドメイドスタイル」

続いては、ハンドメイド（手づくり）。お弁当や手編みのマフラーなど、「つくる苦労」が見えてくるひと手間かかったものはサプライズを呼びます。

とはいえ、ハンドメイドは品物をつくることだけではありません。たとえば三代目」Soul Brothers の岩田剛典さんは、クリスマスに彼女を喜ばせるためにサンタの格好をしたそうです。このように、演出にもハンドメイド感を出すことができます。

型その④　「メッセージスタイル」

最後は、メッセージ（気持ち）。「手書きのメッセージ」や「ビデオレター」など、気持ちをダイレクトに伝えるメッセージは定番ですが、時代を超えて心に響くもの。いつもは言葉にできないことを、ここぞというときには残してみましょう。

以上の4つを意識しながら、場合によって組み合わせていくことで、「あっと驚く」サプライズを起こすことができます。

では、具体的にどんなサプライズがあるのか？　いくつかの例を紹介していきましょう。

プレゼントは「1つ」ではなく「年齢の数だけ」渡す

まずは、恋人や家族、友人向けの事例です。

相手の好きなものをプレゼントするのもよいのですが、それだけでは「サプライズ」とまではいきません。ぜひ恋人や家族相手には、「思い出」というアクセントも加えてみましょう。

恋人や家族、パートナーへのサプライズの場合

案その① 年齢の数だけプレゼントを用意する

たとえば恋人の場合。誕生日に会う約束をした時点でプレゼントがもらえると気づいても、まさか年齢の数だけプレゼントがもらえるとは思っていないはず。

そんな盲点をついて、相手の好きなお菓子や飲み物、二人の思い出の写真など、ちょっとした小物をかわいい箱や袋に入れて次々と渡し、最後に本命の品をプレゼントしてみてください。自分の誕生日と同じ数のプレゼントに、きっと愛情を感じてくれるはずです。

案その② マイホームでお店屋さん

記念日などに外食ではなく、家でおもてなしというのも一つの手。その際はぜひ、「お

店のような演出」をおすすめします。
「かわいいテーブルクロスを用意し、その上に小さな花を飾る」「新品のテーブルセットと素敵なナプキンで装飾する」「手書きで『世界で一つだけのおしながき』を用意する」「料理も1品ずつコース風に出す」などなど、遊び心満載でおもてなしをしましょう。

案その③　目隠し移動

0円でドキドキ感を何倍にもしてくれる魔法。それが目隠しです。「とにかくこれをつけて」と相手に目隠しをし、そのまま手をつないで車で移動。貸切のバーや眺めのいいホテルの部屋へ行き、そこで目隠しを取る……驚くような演出になります。

案その④　午前0時のお祝い動画

誕生日当日の0時に「誕生日、おめでとう！」とメッセージを送るのもよいですが、そこにひとひねりを加えて「お祝い動画」はどうでしょうか。
たとえば、親しい友人も巻き込んで、次々に誕生日を祝ってもらい、最後に自分がお祝いをする……そんな動画を、午前0時ぴったりに送ってみます。

案その⑤　ブーメランレター

最後のおすすめは、手書きの手紙。毎日のように顔を合わせている相手だからこそ、きちんと日ごろの想いや感謝を文字で書く。とても大切なことだと思います。

ただし、一工夫を加えるのはその渡し方。自分で渡すのではなく、相手の大切な人（親友や兄弟など）から渡してもらいます。

まるでブーメランのように意外な方向から手紙を渡せば、ちょっとした驚きをみんなで共有できます。

友人へのサプライズの場合

続いては、「友人へのサプライズ」を考えてみましょう。友人の場合はみんなでワイワイ盛り上がることに加えて思い出に残るものが最高です。

案その①　朝食サプライズ

「そんなまさか！」、思わず2度見したくなるプレゼントが「朝食サプライズ」です。

朝、学校や職場に相手が来る前に、その人の机の上に朝食を置いておくだけ。
ご飯に味噌汁と焼き魚。おしんこに小鉢がついていたら言うことなし。「何これ！」と言いながら食べる朝食サプライズ。世界一楽しい朝食写真を撮りまくってください。

案その②　ハッピーシェアサプライズ

一人でお祝いされるのもうれしいですが、二人ならもっと楽しい、という心理をついたのがハッピーシェアサプライズです。たとえば友人の誕生日。こっそりとケーキを用意して驚かせたら、実はもう1つケーキが出てきて、誕生日が近い別の友人も一緒に祝ってあげるなんていう方法です。
「えっ、私も祝ってくれるの？」といううれしい裏切りで、本人たち以上にまわりが幸せな気持ちになること間違いなしです。

案その③　逆チョコサプライズ

バレンタインやホワイトデーなどで、「義理チョコ」や「義理チョコ返し」をする機会があるかもしれません。

このときおすすめなのが、「逆チョコ」。あらかじめチョコなどのお菓子を用意しておき、義理チョコをいただいたら「こちらからも」と、その場でお返しをします。

同じ考えで、自分が誕生日などのタイミングで、何かをもらったらあえてちょっとしたお返しを用意しておくのもおもしろいでしょう。

「色紙」に寄せ書きよりも、「真っ白いミッキーマウスの人形」に寄せ書きを

最後に、恩師や会社の先輩、上司へのサプライズについて。

案その①　３Ｄグッズ寄せ書き

目上の人へのプレゼントの王道と言えば「色紙」の寄せ書きですが、ここはあえて色紙ではなく、相手の好きなものに書き込みをするのはどうでしょうか。

たとえばミッキーマウスの人形。実は寄せ書き用の白いものが売っていますし、相手が運動好きな人ならば、サッカーボールやバットに寄せ書きもいいでしょう。

案その②　感謝状

たとえば、お世話になった人が定年を迎えるなどのタイミングでおすすめしたいのが、その人にゆかりのある人に集まってもらい、感謝状や卒業証書をつくること。

また、教室など思い出の場所がある場合には黒板にみんなで感謝の気持ちを書き込むのもうれしい驚きになります。仲間と一緒に感謝を形にし、最後は宴会でおもてなしをするというのが恩師に対する王道です。

案その③　落書き差し入れ

職場などでちょっとしたサプライズを起こすには、差し入れがおすすめ。

「これどうぞ」と、ペットボトルのコーラやウーロン茶、またコンビニのアイスコーヒーを差し入れます。このときに、容器に黒いマジックで「誕生日おめでとうございます」「いつもありがとうございます」などとメッセージを書いておきます。飲んでいくうちにメッセージがあらわれるというプチサプライズです。

案その④　ポストイットデコレーション

続いて、ポストイットを使ったサプライズ。会社の壁や会議室のホワイトボードなどに、ポストイットで「HAPPY　BIRTHDAY」などと貼っておきます。その1枚1枚に、職場のみんなからのお祝いメッセージが書いてある、という演出です。

案その⑤　伝言メモ○○券

不在時の電話やちょっとしたメッセージを伝える伝言メモ。上司ともなれば1日に何枚もメモをもらうのが普通かと思います。そんな日常のメモに遊び心を忍ばせます。メモの裏面に、「コンビニお使い券」「マッサージ券」「ちやほや券」など、ちょっとしたチケットにする、という方法です。

このように、お金をかけなくても時間がなくても、サプライズというのは起こせます。

いいことがあったときなど、ぜひ試してみてください。

チェックポイント

☑ サプライズの型は4つ。「数で勝負する」「家族や友人を巻き込む」「手づくりをする」「気持ちを伝える」
☑ 年齢の数だけプレゼントを用意する
☑ お祝いメッセージはLINEやメールではなく動画を使う
☑ 色紙に寄せ書きではなく、相手が好きなものに寄せ書きをする

おわりに

先日、中国で仕事がありました。私がこれまでやってきた中でもかなり大がかりなもので、実はその仕事、直接指名でいただいたものでした。

通例、広告の仕事は過去に実績のある会社が案件を獲得していくものなのですが、私の会社は実績がありませんでした。相当イレギュラーな案件です。

そこで、クライアントと食事をご一緒し、ほろ酔い気分になったときに思い切って聞いてみました。

「なぜこのような大きな仕事を弊社にまかせてくれたのですか?」

すると、こんな言葉が返ってきました。

「たしかに八嶋さんの会社よりも今回の仕事にふさわしい会社はあると思う。でも結局、仕事はもちろん、世の中のすべてのことは『人』なんだよね。どんなに優秀な会社であっても、その担当者の人となり次第で付き合いたいかどうかって変わると思う。『この人と付き合いたい』って思う気持ち、それが一番大切なんだよね」と。

この言葉を聞いたとき、いろいろなことが報われた気持ちになりました。

「はじめに」でもお伝えしましたが、私自身、本当に気づかいができない人間でした。あまりにもひどすぎて、本には載せられなかった事件がいくつもあります（笑）。

気づかいは、一般的には「高尚《こうしょう》」なものだったり、いきすぎれば「いやらしい」ものだったり、そのさじ加減が難しい……と思われがちですが、数々の失敗と成功を繰り返していくうちに、わかったことがあります。

それは、気づかいは他人のためにあるのではないということ。自分の本当の魅力や実力を発揮するためにあるものだということです。

公私の人付き合いや仕事などを円滑にしていき、結果的に、毎日が楽しく、幸福なものになっていきます。あたりまえの毎日を「自分で輝かすことができる方法」なのです。

最後に、この本を書くにあたっていろいろな人にお世話になりました。編集担当の下松さん、営業のみなさま。家族をはじめ、気づかいがまったくできなかったダメな私を根気強く指導してくれた先輩たち、クライアントのみなさま。本当に感謝いたします。

気づかいのコツを活用し、一人でも多くの人が、人生は楽しいと思ってもらえることを祈りながら、筆をおきたいと思います。

八嶋まなぶ

［著者］
八嶋まなぶ（やしま・まなぶ）
サラリーマン作家。「気づかいLabo」主宰。
広告業界の第一線で営業職として勤務するサラリーマン作家。東証一部上場企業の経営者、世界的企業のCEO、政治家、医師、弁護士、大物俳優・女優、クリエイター……など、総勢3500名を超える「鬼のように気をつかう」クライアントと仕事をともにし、その過程で気づかいやダンドリといった対人スキルを磨く。その結果、「業界平均3割で上々」と言われる競合プレゼンにおいて、勝率は7割超をキープ。近年では口コミでクライアントから「直接指名」で仕事を獲得するようになる。
そうした経験を通し、「そつなく気をつかい、うまいことやっていく人」と、「気はやさしいのに、よかれと思ったことが裏目に出る人」には決定的な共通点があることを実感。「空気を読む」「あうんの呼吸」といった概念を、極めて具体的なアクションに起こし、紹介する活動を開始。プライベートレッスンでは「コミュニケーションが苦手だった人が無理なく人と話せるようになる」「新卒の大学生が飛び込み営業のエースになる」など、実績を残している。

ブログ「気づかいLabo」
https://ameblo.jp/yashimamanabu

損する気づかい　得する気づかい

2018年6月20日　第1刷発行

著　者——八嶋まなぶ
発行所——ダイヤモンド社
〒150-8409　東京都渋谷区神宮前6-12-17
http://www.diamond.co.jp/
電話／03･5778･7227（編集）　03･5778･7240（販売）
装丁————西垂水敦（krran）
本文デザイン—大場君人
イラスト——ひらのんさ
製作進行——ダイヤモンド・グラフィック社
印刷————勇進印刷（本文）・加藤文明社（カバー）
製本————加藤製本
編集担当——下松幸樹

ISBN 978-4-478-10334-0